死亡對生命說的話

當剩餘的日子不再能任意揮霍，你會怎麼過餘生？

一個腫瘤科醫師的生死感悟

金範錫——著
김범석

張亞薇——譯

어떤 죽음이 삶에게 말했다

생의 남은 시간이 우리에게 들려주는 것

說明：

文中所使用的醫學術語是採用作者在醫院所使用的用語。

推薦序
焦慮困惑、坦然面對、和解與愛

婁培人／臺大醫院副院長、臺灣大學醫學院耳鼻喉科特聘教授

「我留下了一份紀錄，用來累積和記住我所遇到的病人們的故事，讓他們的生命不致於平白度過。我們可以透過往生者在世的模樣來省思現在的生活，他們的死亡不代表消失，而是被一些人深深銘記著」、「他們的一言一行（……）尋找其中意義的過程，就像是在解決人生的課題。他們就是我的醫生。（……）回顧他們留下的痕跡，〔我可以去〕反思它們〔生與死〕的意義」金範錫醫師如是說。

認識金醫師是一個偶然的機遇！多年前當免疫治療剛開始問世時，許多臨床試驗正在如火如荼地進行，各個國際大藥廠也會邀請一些相關治療領域的主要意見領袖（key opinion leader，簡稱ＫＯＬ）進行學術諮詢與研討。一次在東京舉

辦的KOL會議中認識了同樣治療頭頸癌的金醫師，印象中的金醫師是個充滿熱情與活力的年輕人，會議中短短的交談就讓我留下深深的印象。新冠肺炎疫情解封後，金醫師也曾應邀來台灣參加學會的演講，我們也一直保持著聯絡。很高興知道金醫師出書了，他以豐富的醫師職涯為背景，深刻記錄了與癌末病患相伴的人生故事。書中透過患者與家屬的視角，以及腫瘤科醫師的觀點，引發對死亡和生命意義的深刻思考。當癌症時鐘越走越快的時候，你我身邊都可能遇到罹患癌症的親友，當困惑生命與死亡的意義，當放手與不放手時，醫生透過專業延長病患的生命，也決定病患生死邊界的那條線。有病患說：病患是醫生的千分之一，但醫生卻是病患的唯一！這本書於二〇二一年一月在韓國出版，記錄金醫師十八年醫師職涯中所見到的癌末病患最後的人生故事，透過患者與家屬的故事，思考死亡與生命的意義。全書四章，前兩章記錄患者與家屬如何應對即將來臨的死亡，後兩章則從腫瘤科醫師的角度，分享醫師的擔憂和思緒，包括對制度的反思。

作為一個頭頸腫瘤科的醫師，我十分推薦大家細細閱讀這本書。在治療的過程中，我們要面對遲來的死亡與延長的壽命，這多出來的時間要如何善用？有人至死懷恨在心，放不下；有人坦然面對，把罹患癌症當作重開機的機會，與他人和自己和解，用愛去面對剩下的時間！誠如托爾斯泰（Leo Tolstoy）的小說《安娜・卡列尼娜》（*Anna Karenina*）的開場白：「幸福的家庭都是相似的，不幸的家庭各有各的不幸。」期待讀者透過本書可以更了解病人生死的過程，也可以更了解醫生的視角。在生死間有和解與愛，而不留遺憾，能有所善終。今日的我，明日的你！本文同時探討了醫院治病救人，然而在判定生死邊界、緩和醫療、停止治療，這中間的法律問題也是值得大家深思！

總歸來說，這是一本敘事豐富的醫學書籍，更是一次深刻的心靈啟發之旅。這本書提供了對生命極限的探索，同時也呈現了醫療倫理、法律問題等社會層面的思辨，為讀者敞開了一扇窗，讓他們進一步思索人生的真諦。

故事的開始

每個人的生命都是有限的，世界上沒有人可以永遠活著。每個人都有與這個世界說再見的時候，對於癌症病患來說尤其如此。我是一名腫瘤科醫生，當癌症所帶來的死亡時刻逼近之際，我的工作就是將它一點一滴往後延。我遇到的大多數病患都是第四期癌症患者，他們接受化療的目的是延長生命，而不是為了治癒。作為一名醫生，我不僅提供化療來幫助病患爭取最後的時間，並且也研究新療法和進行新藥物的臨床試驗。我努力爭取時間，將死亡的腳步拖延到最後一刻。

我行醫已經整整十八年了。我在一家大型醫院擔任腫瘤科醫生，我目睹了許許多多的生與死，也見過無數的臨終病人在我面前斷了氣息。但慶幸的是，醫學發展的步伐日新月異，許多新的抗癌藥物不斷問世，癌症病患的壽命也得以延長。不只如此，與過去相比，人類的壽命也驚人地延長了，身為醫生的我對此倍感欣慰、心存感激。然而，當我看到遲來的死亡和延長的壽命時，我不禁想問一個問題，當我們的人生擁有了更多的時間，我們要如何使用它呢？我們是否善用了生命所賦予的分分秒秒？

人們認為醫生的角色是治療病人，實際上並非總是如此。仔細想想，病人養活醫生，有時候病人也能醫治醫生。目前為止我所遇到的病人們跟我講述了很多故事，他們的選擇、他們如何善用剩下的時光、他們的一言一行，這些故事對我來說有時負面，有時非常正面。我遇到的病人曾經告訴過我很多生死攸關的故事，尋找其中意義的過程，就像是在解決人生的課題。他們就是我的醫生。

有時病患們告訴我的故事令我深感無力。有些死亡帶給我沉重的負擔，有些死亡讓我心碎，有些生命使我謙卑。每次遇到這種情況，我都會記錄下來，以便我可以回顧不遺忘。有些故事我無法承擔，有些時候我覺得如果不寫下來就會失控。在面對和記錄生與死的過程中，我察覺我所未知的、已經遺忘的，或正在尋找的意義。就這樣，病人離開了我，無論出院還是離世，我依然留在這裡，回顧他們留下的痕跡，反思它們的意義。所以我覺得有時候應該將「死」這個字讀做「生」，因為當我忘記生命的意義時，總會有人不斷提醒我活著的意義。

韓東一（한동일）的《拉丁課》（라틴어 수업）一書中提到一句著名的拉丁短語：「今日的我，明日的你。」（Hodie Mihi, Cras Tibi）。今天某人的死亡與明天活下來的我形成對比，有些死亡顯然對那些活著的人象徵了某種意義。我想分享這些故事，尤其當我想到那些突然得知自己即將死亡的人，以及對於自己將死的事實仍一無所知的人。它讓我們重新思考時間的重量，並且使我們面對未來即將到來的「自己的死亡」。

從這層意義上來說，這本書也是一份備忘錄。我想表達的是，我留下了一份紀錄，用來累積和記住我所遇到的病人們的故事，讓他們的生命不致於平白度過。我們可以透過往生者在世的模樣來省思現在的生活，他們的死亡不代表消失，而是被一些人深深銘記著。進一步來說，某些人的死亡對於某些人來說是重生。

然而我經常擔心我是否褻瀆了已逝的人，也害怕在我不甚了解的情況下，詆毀往生者的生命意義。在醫生保護病人個資的道德義務和專業責任下，我不斷思考自己寫作的意義。最後，我對於病人的身分和某些可能會暴露個資的部分做了一些更動。

別人的昨日影響了我們的今日，我們的今日又影響了別人的明日。生活是如此緊密交織，我們都是其中的一環。如果我能為人們的生活帶來一點小小的改變，也許多少可以償還對病患的虧欠。若我對於一個人生與死的回憶，能夠為別人的生活帶來一點點的改變，我想我終能報答往生者們的恩情。我將這本死亡對生命所講述的故事獻給您。

最後，我要感謝高珠美（고주미）教授，在這本書出版之前給了我很大的幫助，以及編輯原稿的Flow出版社金秀珍（김수진）總編輯。我還要感謝我摯愛的家人，他們在我出版這本書之前一直支持著我，同時也感謝那些教導我醫學專業的醫生們。最重要的是，我以謙卑之心，向那些與我結下緣分、接受治療的病患們衷心表達感謝。

二〇二一年一月，金範錫

CONTENTS

Chapter 2

起碼還活著

Chapter 3

醫生的分內事

Chapter 4 在生與死的邊界

Chapter 1

面對注定的死亡

#

……每個人生來都會問這樣一個問題：「我要如何讓自己活得有意義？」如果這是一門功課，那我們都有各自的功課需要解決。當然，無論你是否解決了今生的功課，也無論你如何解決，在你死亡的那一刻，都是由自己承受結果。當你知道自己的死期將至，如果你以不同的方式看待死亡，也許會發現那是一份額外的禮物，這是因為人們通常在不知道自己還能活多久的情況下死去。「現在你只剩〇〇日子可活，你想怎麼使用這段時間呢？」

活得太辛苦的憤怒

男人的眼裡充滿了殺氣，感覺就像要殺了我一樣。

「不能再做化療了？你是什麼意思？」

「我已經嘗試了所有可能的腎癌化療法，但現在已經無藥可救了。」

「我聽新聞說，有很多新藥上市了，你怎麼可以這麼說？」

「我的確參加了一種新藥的臨床試驗，但效果不佳。我建議現在轉向安寧緩和療護（在瀕死時減輕癌症引起的一些疼痛的醫療護理）比較好。」

「你的意思是我應該就這樣死掉嗎？當醫生的怎麼可以講這種話？」

男人的聲音越來越大。我和他僵持了很長一段時間，他繃緊喉嚨，大聲咆哮。後來他說要找另一家醫院，接著索取醫療鑑定書和病歷複本後離開了。臨走前他仍然撕心裂肺抱怨著，耗盡了每個人的精力。

好不容易結束一天的門診之後，貼心的門診護理師對我說：

「醫生，剛才那位病人的眼神真的好可怕，感覺真的要把您生吞活剝似的。」

大概是門診叫號延誤，病人開始抬高音量的時候，護理師瞄了一下診療室。就連護理師也能感受到病人眼中的殺氣。

的確沒錯。如果當時病人手上真有一把刀的話，我覺得他真的會用那雙灼熱的眼睛盯著我並且攻擊我。這是我第一次在門診感覺有人要傷害我。然而，過了一段時間，那名病人又回到了我的門診，不久前充滿殺氣的眼神已然消退。顯然他去過其他醫院，但依他的身體狀況也是被宣告無藥可醫。既然親自去過其他醫院檢查，他也已經無法否認這個事實了。那家醫院的醫生還數落他原本的醫院處理得好好的，為何還要轉院。於是病人再次要求我為他化療。

「醫生，錢不是問題，拜託您給我以前用過的抗癌藥物吧。求求你、求求你了。」

他話音剛落，我就因為「錢」這個字腦袋嗡嗡作響。意思是不是因為你有錢，所以我必須為你竭盡全力，或者因為你很富有所以不想放棄活著的機會？還是你想在死前花光所有的積蓄？無論什麼原因，他顯然不會輕易放棄。我思來想去，儘管知道沒有效果，我還是用非保險承保範圍的方式，開給他之前的抗癌藥物，並向他說明了情況。

「這個藥物對你已經沒有什麼效果。總之我們只使用一個月。一個月後進行電腦斷層掃描（computed tomography，簡稱CT），如果癌細胞又增生，那麼到時請您不要再要求化療，也不要有任何遺憾。您了解嗎？」

他勉強答應我，不再與我爭論。

於是化療進行了一個月。然而正如我所料，抗癌藥物不再有效。他的癌細胞增大了一倍，使他痛苦不已。

「醫生，我好痛，我受不了了，每天晚上也都發起燒來了。」

現在的他真的必須進入安寧緩和療護階段了。他最終被送進醫院並接受安寧療護諮商和社會福利諮商〔譯註：安寧緩和療護是韓國一種治療癌末病人的疼痛、嘔吐、呼吸困難、腹水等身體困難的醫療服務，並陪伴病患直到臨終，在接受安寧療護醫療團隊（醫院）服務時，會先和家屬諮商〕。在這個過程中，我得知關於這名病人的一些事情，那是我之前所不知道的。

他是八個兄弟姊妹中的長子，出生於一個名為「江村」的貧窮農村。由於家庭因素，身為長子的他要照顧弟弟妹妹們，但儘管家人鼓勵他跟隨父親務農，但他仍然堅持上大學。固執的大兒子不顧家人的反對，白天工作，晚上偷偷徹夜讀書，好不容易被大學錄取。嚴格來說，在繳不起學費的家境下，他是靠自己賺取學費讀書的。大學畢業之後，他找到了工作，努力在公司打拚。他甚至在一家外商公司晉升到高階主管職位。他將一切不可能變成了可能，這就是他的人生。

然而，他在五十多歲時被診斷出罹患腎癌時，他的生活發生了變化。手術之後，他似乎已經完全康復，但幾年後，癌症在他的骨骼和淋巴結中復發。對他來說，這是第一次僅靠自己的意志無法解決的事，但是他憑著自己經年累月的骨氣沒有放棄。既然他一向都是按照自己的意願過生活，那麼化療也是如此。他忍受了其他病患所無法承受的痛苦治療，而當他所使用的抗癌藥物已經產生抗藥性，導致惡性腫瘤持續增生時，他選擇了其他的抗癌藥物堅持繼續治療。也許他的想法是「化療根本是小事」，甚至在近三年的化療期間，他仍然繼續在公司工作。雖然他會在公司聚餐時避免喝酒，但仍然會出差，工作也比平常更加努力。其他人對於他在接受化療的同時還能這麼拼命都訝異不已。是不是在抗癌的同時，完成既定任務是他證明自己的方式？

然而隨著惡性腫瘤持續擴大，化療不再有效，最終已經沒有可治療的藥物了。他再也不能主宰自己的生活，只能被癌症控制。我想這也許是他生平第一次產生挫敗感，心想該怎麼辦。

在安寧療護諮商中包括了家庭諮商，也就是必須制定一套計畫來照顧病人直到過世。隨著死亡時刻的逼近，唯一剩下的就只有家人而已。大多數家庭都有大大小小的問題，而以這名病人的例子來說，問題在於病人、他的太太和孩子們之間的關係。

交談過程中，我發現太太與丈夫在想法上沒有任何交集。雖然彼此是伴侶，但除了住在一起之外，似乎沒有任何共通點。兩人都不知道對方在想什麼，也不想知道，彼此之間似乎沒有任何交流。兩人扮演孩子父母的角色似乎比當夫妻的時間還長。這可能是因為太太近三十年來與個性強勢的丈夫相處產生壓力的關係。太太說，她並不為丈夫感到難過或同情，但既然是結髮夫妻，他也是孩子們的父親，她會盡一切努力直到他過世。太太的語氣中沒有一絲溫暖，對她來說，照顧丈夫不過只是義務罷了。

孩子們也是如此。母親雖然總是順從父親，但父親經常因為工作而煩心，脾氣不好，所以孩子們說寧願他不在家。父親在家的時候，家裡總有一種莫名的寒意和寂靜，但是父親不在的時候，一切又恢復正常。孩子們說自己的課業成績「不算太差」，但父親總是不滿意。

我可以理解。作為一個必須克服萬難和貧困家境才能夠往上爬的人來說，必定很難接受身處富裕環境中卻不夠努力的孩子。孩子們可能會抗議說他們已經盡力了，但很明顯沒有達到父親的標準。我可以想像病人對孩子們生氣的樣子。

到了這個年紀，我經常看到身邊有很多只專注於工作的「以公司為家的人」。他們都說一切是為了家人，但最後的結果卻大相逕庭。諷刺的是，他自認為家人們拼命，但家人們完全不認同。於是，他就像一個定期繳錢的房客，唯一不知情的人是他自己。或許他把家人當作下屬一樣使喚，因為他的工作習慣已根深蒂固。因此他的太太與孩子們和他相處時明顯感到不自在，也是理所當然的。

在住院期間，他大部分時間都是獨自一人。除了太太之外，其他家人並不常來看他，孩子們也沒有來探病。當我巡視病房時，總會看到他打開筆電，全神貫注地看著股票漲跌。就當化療不再有效時，情況改變了。他開始無助地抱怨全身疼痛，再強的意志力也無法阻止死亡，死神就在眼前。眼下的他必須為離開的那一刻做準備。

一段時間之後，太太獨自來到門診。她說丈夫現在身體很虛弱，行動越來越困難，日常生活只能靠太太協助。儘管如此，丈夫仍然十分挑剔，就算扶他上廁所、餵他吃飯，他也很容易發脾氣，就連安寧療護醫院的護理師都說不願意照顧他。太太向我述說病人的近況後，告訴我來訪的真正原因。她說，丈夫要求她來索取之前在首爾大學醫院時用過的抗癌藥物。也許他發現自己越來越失去自理能力，變得越來越依賴別人時，想要透過服用抗癌藥物恢復到以前的樣子。我能理解他的感受，但這是不可能的。我堅決地對他的太太說：

「如您所知，現在已經沒有什麼抗癌藥物對他有效，我不能再開給他藥物了。」

話雖如此，我還是擔心如果她空手回去，病人會對她生氣。

「回去的時候，妳告訴丈夫是因為我的關係。說醫生對妳發脾氣，不願意給妳抗癌藥，妳還被醫生罵了一頓，就這麼說吧。」

對我自己來說，這是一個蹩腳而可悲的說法，他的太太也沒有說什麼，只是簡短對我講了幾句話之後，便離開了診療室。她說，自己的丈夫個性特殊，常常給很多人帶來困擾，但她很感激我為她丈夫所做的一切。聽了這些話，我也誠實分享了我對這位病人的想法。

「我想那是因為您的先生活得太辛苦了。因為一直很努力過生活，所以即使面對死亡也不願意輕易放棄。改變一個人的天性本來就很困難。不過，人是有可能臨死之前改變的……，這一切對您丈夫來說真的很不容易。」

太太默默聽我說完，接著平靜地說：

「我們都很清楚，他能活這麼久多虧了醫生提供這麼好的化療。真的非常感謝您，醫生。」

太太誠摯的感謝讓我感到生疏。回想起來，我不記得病人接受化療將近三年的時間以來，曾說過任何一句道謝的話。我是這樣想的，不只是我，他應該對任何人都很難表達感謝或關愛。這三年來，他總是一臉嚴肅、看起來很不高興。看來他心中的憤怒大於感激。父母不贊成他追求更好的生活、家庭條件不能支付他的學業、競爭激烈的工作環境，加上無法符合他標準的家人們，即使自己為了家庭拼死拼活，卻始終充滿疏離感。因為家庭以及突如其來的癌症，使他那雙眼睛充滿了殺氣，無論我多麼理解他的心情，仍令我無法輕易忘卻。

活得太辛苦的憤怒。

憤怒變成抱怨，抱怨變成了怨恨，他想必是咬緊牙關一路撐到現在。清除一切障礙、咬緊牙關、不斷前進的生活，只顧看前方，把不可能變成可能，同時尋找存在的意義。人生對他來說，不就是一個必須奮戰的戰場嗎？那麼，在面臨死亡的此刻，他也是想要逆轉死亡，拼命活下去。如果他曾經學會向自己的欲望妥協，學習與人相處的方法，或者多關心身邊的人事物，而不是望著未來；如果他一生能擁有一點內心的平靜，也許就不會這麼充滿憤怒了。為什麼他要這麼無休無止奔跑呢？難道不能停下來一次嗎？

後來我從安寧療護機構那裡得知了他的死訊。聽說，他在十二月一個寒冷的冬天裡過世了。我不知道在他生命的最後時刻，是在家人們的陪伴下平靜離開，還是在被忽視的情況下孤獨離開。當我回想這些日子以來對他的觀察，若是後者也不足為奇。我聽到他的死訊時，我想著如果我死後還能再見到他，那麼我一定會問他：

「你辛苦了一輩子是為了什麼？」

把我的兩億韓元還來

我有一名肺癌病患，他很早以前就離婚了，沒有小孩。與這名病患同居的人在法律上不是他的妻子，隨著病情惡化，同居人也離開了他。簡而言之，這代表他沒有家屬。有一段時間，他有足夠的體力獨自去醫院接受化療，但隨著癌症的惡化，他開始無法自理生活，連獨自去洗手間都有困難，只好聘請看護，成為醫院的常客。在病情惡化後，他住院進行治療，並被轉介到安寧療護團隊，開始進行安寧療護的階段。

與他交談後，我得知他的父母早已過世，他還有一個弟弟。他說，自己唯一的血親就是弟弟，不過已經失去聯繫多年。大約在四、五年前，弟弟向他借了兩億韓元，說是為了做生意，但是事情發展並不順利，所以沒能還錢，從此兩人關係變得陌生，逐漸失去聯絡。他說這件事情令他感到十分憤恨不平。

世界上沒有一個哥哥在被弟弟騙走一大筆錢又失去聯繫後，還會說自己喜歡弟弟。他討厭弟弟是理所當然的。但是由於他已經是肺癌末期，日子所剩不多，需要家人的協助，需要有人照顧他直到生命的盡頭。最終，在安寧療護團隊的協助下，幾經波折後終於聯絡上了他的弟弟。當然，弟弟並不知道哥哥的狀況，安寧療護團隊向他解釋了病人的現況，拜託他前來醫院一趟。

幾天後，我在巡房時，有個未曾謀面的男子小心翼翼地打開病患的房門走了進來。這是第一次有人來探望這名病人，由於五官相似，直覺告訴我這是病患的弟弟。站在房門前的人一臉驚訝。

「哥……。」

一如預期，這是杳無音訊的弟弟幾年來第一次與哥哥碰面的時刻。為了讓兄弟重聚，我從病床後退了幾步。病人皺著眉頭，挑起眉毛。弟弟看著哥哥，露出不知所措的眼神，因為病患當時的狀態已經非常憔悴，他瘦得皮包骨，只能依靠氧氣罩勉強維持呼吸。弟弟的眼眶馬上紅了起來。眼看著死亡的陰影籠罩在好久不見的哥哥身上，弟弟的心裡不可能平靜。

世界上有些緣分是想斷也斷不了的。夫妻離婚後就成了陌生人，但不論願意與否，兄弟之間終究有血緣關係。如果說夫妻像衣服，那麼兄弟就是四肢。在地球五十億人當中，曾經分享同一母親子宮的那個人，是無法否認的存在。無論如何，看似不會再有交集的兄弟，就在哥哥過世前夕再次相遇。可以說，死亡讓生活不順遂而分開的兩個人再次重逢。

兄弟倆對視了片刻。兩人之間猶如那段空白的歲月般陷入尷尬的沉默，病房裡的寂靜深不見底。弟弟不敢向前一步，像顆石頭一樣不知所措地站在那裡。在兩億韓元的金錢、怨恨和歲月的折磨下，兩人之間的隔閡似乎比想像的還深。

過了一會兒，病患揮手示意要弟弟上前，好像有什麼話要說。眼看著哥哥氣喘吁吁，連大聲說話的力氣都沒有，弟弟趕緊上前低著身子，貼近哥哥的臉。弟弟看起來快要哭出來了。和解的時刻終於來臨！我內心忐忑，默默看著眼前的情景。現在兩兄弟應該會重歸於好，彼此好好相處度過所剩無幾的人生吧。

病人看弟弟走近後，就在他的耳邊低聲慢慢地說：

「你把……我的……兩億韓元……還來……。」

那一刻，病房裡的所有人都懷疑自己是不是聽錯了。病房裡充滿冰冷的寂靜，暖烘烘的空氣彷彿瞬間被凍結了。他又緩緩地再說了一遍：

「把……我的……兩億韓元……還來……。」

弟弟眼角的淚水已然消失了。

我感到非常困惑，這不是我所期望的。我以為他會說：「我恨你，因為你沒有還錢就消失了，但是我得了肺癌，他們說我活不了多久。我就算活著，也沒有多少時間了，過去的事就讓它過去，剩下的時間多多來看我吧。如果我先離開，我會把你的近況轉告給爸媽。我想對你說一聲抱歉。」等等之類的話，但沒想到就只有「把我的兩億韓元還來」一句話。

但是仔細一想，是我太天真了。我不清楚病患過去過著什麼樣的生活，這兩億韓元可能是病患一生中做出很多犧牲才存下來的錢，可能是因為信任弟弟才會借他這筆錢。如果真是這樣，我根本無法想像當他遭到弟弟背叛時有多麼氣憤、怨恨有多深，以及失去一切的絕望有多大。如果真是這樣，結局當然跟我期待的不一樣。

但是作為一名醫生，我仍然感到非常惋惜。我認為現在對病患來說，與其討債，不如跟弟弟重修舊好。因為可以送他最後一程的人，就只有弟弟而已。最重要的是，如果他和弟弟最終無法修復關係，這對病患來說將是一件既遺憾又心痛的事。但這終究只是我個人的想法。

從那之後，病患的弟弟就再也沒有來過醫院，病患也不再提起他的弟弟。不過，聽說弟弟請了看護過來，費用由他本人負擔。幾天後，病患在孤獨一人的情況下默默地離開人世。法律規定後事須由家屬處理，我想應該是弟弟幫忙處理了。最終，「把我的兩億韓元還來」成為了病患生前最後的遺言。

在他的一生中，兩億韓元代表著什麼？是否比起金錢，他更多的怨恨是來自於那個讓自己無法信任的弟弟呢？比起無法挽回的過去，若先想想所剩無幾的日子，也許他就不會如此淒涼地離開人世。

身為腫瘤科醫生，我經常目睹生命的結束，也遇過各式各樣的故事。在這名病患之前和之後，我也多次看到病人家屬以及周圍的人為了金錢而爭吵。這時候，我偶爾會想起在那間病房裡，病患用上氣不接下氣的聲音說「把我的兩億韓元還來」的瞬間。一個人留給親人的最後一句話是「把我的兩億韓元還來」，這是多麼地諷刺。孤獨的死亡就是如此令人不勝唏噓。

特別又偉大的結局

我是一個需要養家糊口的醫生，發薪日是我人生的樂趣。我並不是一個多麼厲害的醫生，醫生白袍對我來說一向很沉重，不過有一樣東西的重量，我覺得並不亞於我的白袍，那就是病患或其家屬寫給我的信。這些信件我全都保留著，每當我因工作而感到疲倦辛苦時，就會從沉甸甸的信件盒裡，隨手取出一些來讀。有一天，我拿起一封以前住在首爾的某位病患女兒寄來的信。

我的母親在被診斷出肺癌後，心裡非常難過，但現在她已經平靜許多。我們會信任並遵從醫生您的指示，認真接受治療。拜託請您一定要讓我媽媽康復。

信中的「我的母親」是一位年老的肺癌病患。老奶奶從不吸菸，卻得了肺癌。在診斷當下，癌細胞已經擴散全身，無法進行手術。老奶奶被確診為第四期肺癌。

「我們會進行化療。」

聽了醫生機械式的建議之後，老奶奶默默地點了點頭，朝注射室走去。她的女兒留下一封簡短而真誠的信之後離開了診療室。

老奶奶接受化療的目的不是為了治癒，而是為了延長生命、緩解症狀。老奶奶雖然已經七十多歲了，但因為體力良好、保養得宜，因此化療進行得相當順利。幸運的是，抗癌藥物發揮效用，腫瘤大幅縮減。老奶奶每隔三週就來一次醫院認真接受化療。我問老奶奶平時的生活是怎麼過的。

和女兒住在同一棟公寓大樓的老奶奶開始聊起大同小異的日常生活。「早上我會去女兒家，帶孫子們去幼兒園，兩點左右再帶他們回家。路上我和孫子們聊著各種話題，有時會去超市買他們喜歡的零食。我女兒家是雙薪家庭，在她下班回家之前，我會照顧孫子們，準備零食，收拾一下凌亂的房子，順便做些小菜。女兒回來後，我就回我自己的家做些家事和看電視。週末的時候，我會做些海苔飯卷帶去附近的公園野餐，也會找女兒一起爬北漢山，有時下山的路上順便去洗三溫暖。每隔三個禮拜的回診日我和丈夫、女兒一起來醫院接受治療，打完化療再回去」。這就是老奶奶的日常生活。

我問她化療辛不辛苦時，老奶奶說雖然很辛苦，但是還可以忍受。她還說，希望自己能再多活一會兒，直到孫子們上小學為止。幸好抗癌藥物很溫和，老奶奶的生活沒有受到嚴重的影響。化療期間，老奶奶沒有掉髮，也沒有嘔吐。從外表來看，很難看出她是癌症病患。

我是〇〇〇病患的女兒。我媽媽接受治療的意願非常強烈，所以她沒有表現出辛苦的樣子，總是認真地接受治療，日常生活也打理得很好。其他人是否也是這樣呢？明明很辛苦，我擔心她會因為我們的緣故而沒有表現出來，獨自強忍著。

在很長的一段時間裡，老奶奶就這樣一邊接受化療，一邊維持著每天的生活步調。然而看似平凡的日子並沒有持續太久。

「從上次回診到現在，您感覺還好嗎？」

「還好，不過我最近經常頭痛。」

聽她這麼說，為了以防萬一，我安排老奶奶做磁振造影（magnetic resonance imaging，簡稱MRI）檢查，然而檢查結果並不理想。MRI影像顯示出有「牛眼徵」（bull's eye sign）的現象，導致腦水腫。我緊急進行放射治療，但沒有效果。兩個月後再次回診時，我發現腦水腫比以前更嚴重，甚至出現了腦膜轉移。

「放射治療的效果並不理想……。」

老奶奶的腫瘤變得更大，我只能告訴他們很難再繼續進行治療。傳遞壞消息是我一向很懼怕的事，我不能一股腦兒地把該要說的話一次說出來，而是像解開打結的毛線一樣，必須先確認病患和家屬是否理解醫生的解釋，仔細觀察他們的情緒波動，然後再決定接下來要講到什麼程度，以及該如何說明才能讓他們理解。在某些時候，如果我發現對方還沒有做好準備，那麼我會把最壞的消息延到下次再說。

這個時候，病患的反應各不相同。最常見的是否認、憤怒和埋怨。我這麼努力接受治療，為什麼反而越來越嚴重了？上次不是說一定會好起來嗎？別人都說這種藥很有效，為什麼只有我這樣？不過，也有一些病患對於壞消息並不會否認、生氣或怨恨。坦白說，這些病人對醫生來說比較棘手，因為他們不輕易表露感情，老奶奶的情況就是如此。即使是壞消息，她的表情也沒有任何變化，平靜地接受了現實。

「我沒關係，醫生為了治療我，費了這麼大的工夫，真的很抱歉。」

老奶奶反過來安慰我。她責備自己沒有保養好身體，導致病情惡化，都是自己的緣故。仔細一想，曾有幾次因為治療效果不好，不得不中途更換抗癌藥物，但那段時間老奶奶也沒有發脾氣或信心動搖，所以此時傳遞消息的我更覺得過意不去。

化療是否有效是一場機率之爭。有些病患對治療反應良好，但也有治療效果不佳的病患，在治療前很難預測這一點。在一場勢均力敵的爭鬥中，病患沒有理由對醫生感到抱歉，因為只有病患嘗試過才能知道結果。我想告訴她這不能責怪自己，只能怪運氣不好，但是老奶奶一直對我說對不起。有時候當我傳遞壞消息時，會遇到向醫生道歉的病患，我總是不知道該說什麼。不管老奶奶是否知道我的感受，她的病情正在逐漸惡化，甚至出現腦膜轉移的狀況。

我是〇〇〇病患的女兒。我媽媽在家裡吃不下任何東西，非常難受，爸爸也只能在一旁看著媽媽受苦。所以我對父母感到非常抱歉。在生病的媽媽面前，我都盡量不表現出悲傷的樣子，設法讓自己堅強起來，度過這段日子。

結局總是比想像的來得更快。老奶奶即使在病情惡化、臨終之際接受安寧療護諮商時，她對自己的死亡也表現得非常平靜和坦然。她唯一擔心的是，她不在時，子女和孫子們能否過得好。她說，反正這是他們一生中免不了要經歷的事情，孩子們都很堅強，相信他們會安然度過。

醫生，我想是時候和媽媽說再見了，現在我該放開媽媽了。我媽媽真的很了不起，她像生病前一樣照顧著我的父親和家人們，但是她的身體變得越來越虛弱。記得當我問醫生是否應該搬到空氣較好的地方時，醫生告訴媽媽一定要緊緊待在女兒身邊。我很高興媽媽搬來公寓大樓同住，和我一起送孩子們上學、洗三溫暖、去爬山，這一年真的好幸福。我想這段幸福差不多要結束了。我能做的不多，真希望時光能倒流到二十天前。

我收到這封信之後沒過多久，老奶奶就去世了。

我不知道老奶奶是否很有錢，或是否上過大學。我猜她應該沒有受過太多的教育，也不太富裕。她不是一個會出現在歷史書上的偉人，也沒有什麼事蹟值得大肆頌揚。她是我們身邊經常遇到的一個普通人。但是我認為老奶奶完成了比任何人都艱難的事，那就是過著平凡的生活直到最後，接受突如其來的命運，像往常一樣度過自己剩下的時光。

我不知道其他人怎麼想，但至少我遇到的這位年長病患是位在平凡中找到幸福的人。身為高齡者，她不可能不害怕死亡。分離是痛苦的，未知的死後世界肯定是可怕的。即使具備很多知識，擁有很多金錢，也不容易做到坦然接受，或照常度過臨終前剩餘的日子。在醫院裡，我見過很多有權力的人、非常富有的人，以及知名人士，然而像老奶奶一樣平靜地維持日常生活直到最後的病患並不多。

老奶奶比任何人都特別，雖然她是個普通人，但她是個不平凡的人。

血緣關係的束縛

出現如同電視劇或電影中令人心碎的故事在醫院並不罕見，然而並非所有的醫院故事都像電視劇《機智的醫生生活》（슬기로운 의사생활）一樣。我在醫院裡看過的父母、子女、家庭故事，往往因為血緣的關係而更加支離破碎。我見過無數與血緣有關的故事都以悲劇告終。每當發生這種情況，我就想起並且贊同托爾斯泰的小說《安娜．卡列尼娜》的開場白：「幸福的家庭都是相似的，不幸的家庭各有各的不幸。」對某些人來說，家人是最可以依靠的對象；但對某些人來說，家人是一種負擔，是禁錮他們生活的枷鎖。

有位食道癌病患及他的大女兒就是屬於後者。病人無法接受自己已經不久人世的事實。他很固執，不太聽從別人的話，連我這個醫生說的話他也不聽，只會自顧自地說著想說的話。他的個性相當固執。到了必須決定是否去加護病房、很多事情需要安排，也要做安寧療護諮商的時候，因為病人不肯接受現實，以至於什麼都無法進行。他還不停嫌東嫌西，例如抱怨醫院的餐點味道太淡、病床有味道、隔壁床的病人很吵等等，越是聽他講話，越讓我鬱悶。

如果病患不能接受現實到這種程度，我們往往會請家屬介入。醫生會向家屬解釋狀況，並希望家屬能說服病人。然而，就這名病患而言，我從未見過他的家人，所以我內心深處認為這是一個沒有家人或者與家人斷絕關係的病人。

「您的家人在哪裡呢？」

我不抱太大期望地問。

「……我有兩個女兒……但聯絡不太上，大家都很忙……。」

他只是含糊帶過。原本我以為他沒有孩子，但事實上有，只不過她們從未去醫院探望住院的父親。首先，我擔心他的女兒們是否知道父親的情況。我不確定那些我從沒接觸過的人，是否會因為醫院主動聯繫而願意來一趟。不論如何，假設病人辭世，必須有人出面認領屍體並且處理後事。

事實上，大多數食道癌病患與家人的關係並不好。食道癌的主要原因是酒，而且不是一、兩天，是長時間的大量飲酒才可能發生。雖然不是所有的食道癌病患都是這樣，但很多都是二、三十年來每天喝一、兩瓶燒酒的人，他們的家人不可能喜歡這樣酗酒的家人。另外，每天喝大量的酒，意味著總是閉起耳朵忽略旁人的叮嚀，有膽量隔天不去上班，即使沒錢喝酒也一定要喝的意志力，才有可能辦到。如果沒有體力的支撐，很難長時間消化大量的酒精，因此食道癌病患們幾乎都是身強體壯的人。

幸運的是我與大女兒取得了聯繫，她來到醫院。從大女兒的描述中我發現病人是個比想像中更糟糕的父親。他總是酗酒，加上賭博輸錢，而且還有女人。所謂的女人是化著濃妝、噴著廉價香水的酒館陪酒女子，每個都以為父親是有錢人而被騙。他一回家就會毆打家人，母親總是挨打，儘管如此她還是挺了過去，為了女兒們賺錢維持生計，什麼工作都做過。母親這麼辛苦賺來的錢，竟又被父親拿去喝酒、玩女人、賭博，這樣的事情無止境地反覆發生。儘管如此，母親還是忍了下來，以免兩姊妹變成沒有父親的孩子。

大約過了二十年，女兒們長大了，母親想離婚，父親卻索討贍養費，最終沒讓母親如願。妹妹與父親斷絕關係，很早就出去獨立生活，不願意介入家裡的任何事情。容忍父親暴力的母親和忍受這種父母的姊姊都無法理解妹妹的決定。最終，照顧母親的責任就落在大女兒身上。幾年前母親過世，父母之間比起夫妻更接近孽緣的關係也就此結束。這世上有些緣分只有死亡才能切斷。

母親去世後，大女兒建立了自己的家庭。父親在她新婚初期曾有幾次因為沒錢找到家裡來，在與女婿大吵一架後，就再也沒出現過。她說那是好幾年前的事情了。然而，當醫院聯繫她時，她不忍心像妹妹一樣與父親斷絕關係，於是才會坐在了我的面前。妹妹已經明確表示她不會來醫院或參加葬禮。結果，支付病人的住院費和後事都成了大女兒的責任。這原本是討論病人安寧療護的會面，但講著講著，變成了我與大女兒的諮商時間。

可悲的是，像這對父女一樣，以血緣關係被綁在一起的孽緣，會讓受害者自我否定或自責。作為一個可憎之人的孩子，是一件很糟糕的事，然而父母再怎麼可惡，自己依然是他們的子女，心裡總會因為沒有盡到該盡的本分而感到內疚。大女兒也不例外。這是我見過的最糟糕的結果，就連她現在的婚姻生活看起來也不是很幸福。和她一起來的丈夫作風很像她的父親——也就是病患。如果我的猜測是對的，光是這一點就讓她充滿煎熬，彷彿不斷反覆上演著相同的生活。

眼前的大女兒無法停止哭泣，我什麼話也說不出口。僅僅因為她是女兒，就不得不忍受這種父親直到最後，真的很可憐。無論如何，對她來說，唯一的希望就是病人的死亡能夠終結這種「父女」關係的束縛。父親的過世似乎是她人生中第一次的幸運。

有時我會反思由血緣形成的所謂「家庭」關係。無論在醫院或社會，都存在著對血緣關係的幻想，存在著「畢竟我們是一家人」的認知，但是大多數的現實與期待相去甚遠。面對家庭內部偶然發生的身體和情緒層面的暴力，我們能把「因為我們是一家人所以會那樣」的邏輯套用到什麼程度？真的可能嗎？我可以毫無遲疑地說，無論什麼樣的人、無論他的過去如何，在臨終前都必須受到無條件的尊重嗎？我不知道血緣關係的因素能夠理解和被理解到什麼程度。當醫生的時間越久，以「家人」之名發生的各種故事經常讓我啞口無言，不知所措。

死後捐腦

「醫生，您方便講電話嗎？」

當我接到病理學教授的電話時，我感到很訝異。他是一位研究腦腫瘤的教授，由於他的治療領域與我沒有交疊，所以我不常與他聯絡。這樣的人聯絡我，我猜想大概是很緊急的事，或是出了什麼大問題。

電話裡的內容是，我的病人幾天前去世了，他在生前同意「死後腦捐贈」，但死亡診斷書有行政上的問題。了解狀況後發現是死因記錄錯誤，後來問題解決了，但是這件事在很多方面都讓我感到非常訝異。

首先，我對死後腦捐贈本身比較陌生。死後腦捐贈是為了腦部疾病研究而捐贈自己的腦，我雖然聽說過，但真正遇到的腦捐贈案例還是第一次。最重要的是，雖然他是我的病人，但我從未想過他死後會捐贈大腦。

他是一名八十歲的肺癌病患，接受了癌症免疫治療。雖然在門診接受了大約一年多的治療，但因為有先前腦梗塞的後遺症，所以話不多，體力也不好。由於行動不便，總是坐在輪椅上由兒子陪伴著他。每次門診時，我都會和作為病患緊急聯絡人的兒子多聊聊。

事實上，他兒子的處境才真的令人心疼。他說，他的父親是一名肺癌病患，正在接受化療，而他的母親則因為中風昏倒住院。父母兩人已經離婚，由於他沒有其他兄弟姊妹，因此必須獨自輪番照顧父母。上午帶父親去醫院，下午去工作，晚上去探望中風住院的母親。這位兒子已經這樣生活一年了，他經常向我吐露照顧上的困境。

當病患病情惡化時，我多次建議住院治療，但病患的兒子都沒有接受。他說父親喜歡待在家裡，就算請看護，也會盡可能帶他回家。當然，如果父母都住院的話，對他來說，往返兩家醫院的確有現實上的困難。

為了防止情況惡化，當我提到進行安寧緩和療護的話題時，病患兒子也很清楚這一點。病患平時就常提到這件事，因此他已經做了很多研究，甚至病患還親自填寫了「事前延命治療意向書」。「事前延命治療意向書」是預先決定在病情惡化時是否實施維持生命治療的文件。這在極度熱衷於化療的韓國是非常罕見的事，表示病患已經對自己的死亡做好一定的準備，事先申請死後腦捐贈似乎也是其中的一部分。

眾所周知，大腦是人類的重要器官。人腦的重量只有一．三公斤，但其工作卻要消耗人體二〇%的能量。當大腦受損時，一個人就會脫離我們通常所謂「正常人」的範疇。因此，大多數腦部疾病，如失智症、巴金森氏症、自閉症、癲癇等都是人們關注的重大疾病。人類需要對腦部疾病進行大量研究，但實際上這並不是一件容易的事。癌症等其他疾病可以透過實驗動物進行研究，但腦部疾病在透過實驗動物進行研究時有其限制。這是因為人類的大腦與動物的大腦有很大的差異。然而，要取得可以進行研究的人腦並不容易。

為此，「腦庫」（brain bank）應運而生，目的在對人類整個大腦進行綜合研究，找出腦部疾病的原因，並開發治療方法。這個地方在獲得死者捐贈的大腦後，會進行儲存和管理，再進一步分配給有需要的研究人員。死者患有腦部疾病的大腦用於研究腦部疾病，沒有腦部疾病的死者，其大腦則用於研究正常的腦功能。打電話給我的那位教授負責腦庫和死後腦捐贈計畫。作為一名腫瘤科醫生，我忍不住問了一個問題：

「醫生，癌症病患死後也可以捐腦嗎？」

「當然，任何人都可以，是否患有癌症並不重要。如果有人願意死後捐腦，請隨時與我聯繫，我會立刻給予協助。」

病理學教授再三強調地告訴我可以隨時打電話給他後，我們便結束通話。電話中我能感受到他的熱情。

有時，有些癌症病患會想要捐贈器官，也許因為活著的時候沒有做過多少善事，才想在死後把握機會行善。根據我的經驗，每年至少有兩、三個人有這樣的想法，也許直接說不出口，但考慮器官捐贈的人可能更多。

人在健康的時候，不會有太多的想法，但當人面臨死亡的時候，想法就會產生很大的變化。有人會意識到身體不是自己的，或是體認到死後身體無論如何都會腐爛。生病後，才意識到健康的重要性，看到其他生病的人，也會產生想要盡可能幫助他們的念頭。另一方面，當自己死後，如果自己身體的一部分留在別人的身體裡，感覺起來就好像自己沒有死去一樣。這些想法延伸的盡頭，就是產生器官捐贈的決心。

但實際上，當癌症病患說要捐贈器官時，會讓我感到左右為難。這種時候我通常會鼓勵他們不要想這些事情，要專心調理自己的身體。事實上器官捐贈對癌症病人來說是不可能的，這是因為當癌症病患的器官移植到另一位病患身上時，癌細胞可能轉移到受贈者的身體。現實中有一個案例報告，捐贈者在不知道自己患有癌症的情況下，死後捐贈了器官，導致有幾名受贈者罹患癌症。因此，癌症病患的器官移植原則上是不可能的。不過，有個例外是癌症病患可以捐贈角膜，但如果病患年齡超過七十歲或死於敗血症，則不適用此則例外（大多數癌症病患年齡超過七十歲或死於敗血症）。

儘管這是現實，但我很難開口告訴真正想要捐贈器官的病患他們不能捐贈器官，因為他們是癌症病患。我曾經有過這樣的經驗，當一位病人詢問器官捐贈的問題時，我不假思索地如實回答，結果病人受到深深的傷害。捐獻遺體的初衷是崇高的，當事人在做出這樣的決定之前一定經過了深思熟慮。如此艱難地做出決定後，卻被告知你是癌症病患，你的器官不能使用，當事人會有什麼感受？從這個角度來看，死後腦捐贈是一個非常珍貴的計畫，因為即使是癌症病患也可以在死後不受任何限制地捐贈大腦。*

總之，令我感到非常驚訝的是，一個八十歲的病人竟然提前申請了死後腦捐贈，這是連醫生都感到陌生的領域。也許他也研究過器官捐贈，知道癌症病人不可能捐贈器官，不過他沒有就此止步，反而不斷尋找方法，最終選擇了進行死後腦捐贈。單從這個選擇，我就能推測出他在離開這個世界以前，已經對死亡做足思考和準備。

幾天後，病患的兒子來門診找我，告訴我已經舉辦了父親的葬禮，並感謝我這段期間幫助父親進行化療。我反倒是告訴他，很感激病患死後捐贈了他的腦，同時也對在病患身邊尊重其選擇的兒子表示感謝。對於家人來說，這並不是一個容易的決定。

借此機會再次對死後捐贈大腦的崔○○病患表示衷心的感謝。相信會有很多醫學家利用他的大腦進行重要的研究。

* 詳細內容請參考以下網址：http://brainbank.snuh.org/donation/contact（編註：台灣可以參考：https://www.brainbank.tw/faq）。

我不想接受化療

「以目前的狀態來看，是無法完全治好的。做化療可以延長一點壽命。」

「醫生，我不想接受化療。時候到了，我就離開。我不想一邊化療，一邊苟延殘喘地活著。」

「好的，我懂，我能理解你的感受。那麼我們就不做化療吧！」

拒絕化療的病患比想像的還要多。如果是為了徹底治癒，那麼當然應該接受化療，但如果是為了延長生命的消極治療，不是以治癒為目的，那麼情況可能就不一樣了。況且，一般具有細胞毒性的化療會伴隨著貧血、嘔吐、出血、掉髮等副作用，基本上治療過程相當辛苦。

每個人的一生都會經歷一次出生，一次死亡。這是人類的命運，任何人都有壽盡之時。到底應該進行化療，將結束的時間往後推延，還是應該在時候到時，順其自然地迎接死亡，我想這個問題沒有正確答案。與其牽強地藉由化療強行延長生命，順理而活，時候到了就回去的想法，有時反而被認為是再自然不過的事。因此，不能說病患拒絕化療是錯的。真正的問題是，大多數這類的決定並不是基於堅實穩固的價值觀或人生觀而產生的。

根據我作為醫生的經驗，超過八〇%的病患會改變主意，之後又決定要接受化療。特別是，大多數在被診斷出癌症時沒有任何不適症狀的病患往往如此，但隨著時間的推移，身體狀況變得不適辛苦時，這些病患就會過來要求化療。他們總說沒想到會變成這樣。

看電視劇時，經常遇到劇中人物得癌症的劇情，但大多時候並沒有深入描述病人與疾病抗爭的過程，痛苦的模樣不常出現在螢幕上，甚至癌症病患也常常優雅地死去。但現實卻截然不同。無論是否進行化療，在癌症發展到鄰近死亡時，都無法避免一定程度的疼痛。癌症病患會帶著各種痛苦，包括劇烈疼痛、嘔吐、脫髮、內心抑鬱等，飽受折磨地離開人間。然而，在大多數情況下，只要沒有立即感到不適，一般人似乎容易誤以為這是可以忍受的，因為很少有機會能真正近距離看到癌症病患。「我還沒有經歷癌症帶來的痛苦，但我在某種程度上知道化療是辛苦的，所以先把我不知道的部分擺在一邊，而眼前預料得到的痛苦實在太恐怖了，先迴避再說」這是人的自然本能，也是人的心理。於是，一般人最後會做出現在容易做的決定，也就是不接受化療。這是我對他們的思路進行的揣測。

然而，從醫生的角度來看，這是非常為難的事情。因為那些揚言表示不接受化療的病患，只有在癌細胞增大並因此感到疼痛時才來要求化療。但是在許多情況下，此時的癌症已經惡化，病患的身體已無法承受嚴酷的化療。最終我無法避免與病患進行令人遺憾的談話。

「我喘不過氣來，快受不了了。醫生，請您想想辦法吧。」

「情況很糟糕，腫瘤變大，壓迫到支氣管，導致呼吸困難。」

「難道沒有其他的辦法嗎？」

「如果要縮小腫瘤大小，必須進行化療才行，可是……。」

「那麼我就做化療，拜託您了。」

「話是沒錯，可是現在病人你的體力太差，很難進行治療。而且之前你說絕對不會接受化療……。」

「當時我不知道會變這樣。過去是過去，現在是現在，這是我的心願，請讓我做一次化療，我真的想做化療。」

「就像我說的，你現在的體力太差，沒辦法做。肝功能也不好。化療是一種非常辛苦的治療，如果身體條件不適合卻勉強做化療的話，治療到一半就會走了。我們先住進安寧療護醫院吧。」

「不，我現在痛苦到快要死了，難道沒有別的辦法了嗎？請救救我。」

談話就像繞著莫比烏斯環打轉一樣持續著，但是到了那時候，對於病人的要求，我們幾乎無能為力。病人只好繼續受苦，身為醫生的我也愛莫能助。

罹患癌症就像在經過空曠的原野時毫無預警地遭遇一場傾盆大雨。沒有雨傘，也沒有地方可以躲避，所能做的就是全身被傾盆大雨淋濕。但是，此時如果靜靜地站著不動，什麼都不會改變。如果不動，體溫就會下降，然後就這樣死去，到時候你會不會後悔地問自己：「當時為何不試著做點什麼？」反正都會被雨淋濕，邊走邊淋也好過呆呆不動。當然，走著走著，有可能會被石頭絆倒，或是被荊棘叢劃傷。但是，也可能會遇到一個可以避雨的地方，或者可能會找到一些能遮雨的東西。最重要的是，如果接受這突如其來的雨，將沿途遇到的一切當作旅程的一部分，就會產生內在的力量。

佛陀說，人生在世，苦難是不可避免的，因為這就是人生。仔細想想，癌症也是如此。罹癌後所面臨的困難是無法避免的，如果避開一個，最終會變成兩、三個回來找自己。這與人生十分相似。因此，與其希望沒有痛苦或困難，還不如當作理所當然地接受事實。深諳這一點的人，即使被診斷出罹患癌症，也不會迴避眼前的情況。反而是面對現實，必要時願意接受辛苦的化療，也接受治療過程中所經歷的痛苦。而且，透過忍受這個艱難的過程，也達到了延長生命、緩解症狀的效果。

當我看到在初期狂傲地表示不接受化療的病患時，心裡總是感到悲傷。身為見過無數病例的醫生，我不禁想問，你真的不會改變心意嗎？會不會在以後病情惡化了，疼痛加深了，才說要化療呢？你或許可以立刻避免化療帶來的不便或痛苦，但如果之後腫瘤長大了，你將無法避免它帶來的痛苦……。無論如何，想要避免化療是在任何人身上都可以輕易看到的反應，也是大多數病患都經歷過的事。因此，對於可能改變主意的病患，我會安排間隔短暫的門診。這是為了避免錯過化療的時機，並在病患的身體狀況急劇惡化之前開始治療。

作為一名腫瘤科醫生，我對病患們有一個願望。如果只是因為害怕或想逃避眼前的痛苦而不願接受化療，請再考慮一下。俗話說：「人生要看得遠。」癌症治療也應如此。

還要再活十年

有個用語叫做預期壽命（life expectancy，或稱為平均餘命），指的就是生命可以預期的剩餘時間，也就是醫生所說的「最多六個月或三個月」的數字。它是一種平均值，例如有位被診斷為第四期肺癌的病患在存活約十個月後死亡，已知第四期肺癌的平均預期壽命為一年左右，那麼此案例就屬於在「平均範圍」內。這是平均值，實際餘命可能更長或更短。的確，這裡存在著許多變數，我們需要向病人解釋清楚，但是並沒有明確的標準或答案，醫學院也沒有教應該如何解釋。結果，最後只能由主治醫生負起向病患及其家屬解釋預期壽命的責任。

問題是醫生和病人的思考方向不同。醫生會根據病患的病情考慮平均數值，並思考病患在預計剩餘的時間裡真正需要什麼。目的是評估如何治療、使用什麼抗癌藥物、是否需要安寧緩和療護等，以幫助病患在剩下的日子裡圓滿地結束生命。

然而，病患和其家屬的立場不同。從醫生口中說出的預期壽命令他們震驚，因為這等同宣告了到目前為止的人生將在短短幾個月內結束。此外，當他們覺得醫生不體恤他們的絕望或悲傷時，也會感到更加受傷。這就是為什麼病患和家屬聲稱自己被醫生傷害或感到震驚的事件被上傳到網路上的原因。這是因為雙方對預期壽命的看法不同，很難縮小彼此的差距。無論醫生多麼同情病人的傷痛和震驚，多麼理解他們的絕望，也無法告訴病人遠超出平均值的預期壽命，更沒有辦法讓他們那樣活著。最終，無論是醫生、病人或家屬，最實際的作法就是在各自的崗位上「專注於剩餘的日子」。

有一個七十歲的癌症病人，詢問我他還能活多久。從醫生的角度來看，超過六個月的長期存活似乎很困難。這種事不能拐彎抹角地說，於是我老實回答他。

當時，這名病患平靜地聽完我說的話。在他下一次來門診時，他告訴我，他覺得自己不能就這樣白白死去。雖然他不知道這有多大的可能性，但他決定在離開之前用剩下的時間做完所有他真正想做的事情。

從那以後，他真的開始每週做一件自己想做的事。聽起來都不是什麼了不起的大事，都是些日常瑣碎的小事，例如和老婆去海邊旅行吃海鮮、看海一整天、蒐集喜歡的歌曲送給孩子、給孫子們寫信、請老家的朋友們吃飯、和以前吵架的朋友聯絡等。他每個禮拜來醫院時，都很開心地詳述上週自己做過的事。他還說自己早就應該這樣生活了，突然間有很多事情要做，生活變得很愉快，只可惜自己沒剩多少時間了。我喜歡聽他講那些不稀奇卻又很特別的故事。

還有一位年齡相仿的老年病患，在聽到自己的預期壽命後，他說希望自己能再活十年。平均而言，這絕對是很困難的事。作為一名醫生，從他的情況看來，我認為他很難活過中秋節。我的預計是到今年底，無論如何都希望他能平安度過中秋節，但是他一直說要「再活十年」。當然，我也可以裝作不知道，給他想要的答案。因為如果用「我們適度地努力看看」的話安慰病患，到了病患必須面對他們想要避免的現實時，大多數病患已經失去意識。

可是我做不到，我希望病患能面對現實。因為無論是年輕或年老的病患，當他們接受既定的現實時，剩餘的生命就會發生變化，這是我長期面對癌症病患所領悟到的。看著這些變化，我有時會想，也許預定的死亡是人生最後的機會。所以，儘管我知道這只是我個人的奢求，但還是問了眼前的病患：

「如果能再活十年，你想做什麼？」

「……。」

他沉默了，什麼也沒回答。

「如果能活得更久，有沒有想做的事呢？」

「……。」

「嗯，比如說，想和家人一起去濟州島旅行，或者……孫子上國中時送給他一套校服，或者想回家鄉一次……之類的。」

「……。」

多次提問卻始終沒聽到他的回答。他只是有一個模糊的願望，希望能再活久一點，不過似乎沒有具體的計畫或願望。

這不是特例，反而前面的那位老年病患是個相當罕見的例子。即使是平凡、健康的人，也不知道自己想要什麼、什麼讓自己快樂或悲傷，或是自己喜歡什麼、討厭什麼。而且，要一個瀕臨死亡的老年病患理性規劃自己的餘生，而不是對自己的處境感到絕望，並不是一件容易的事。然而，儘管把所有立場都想過一遍了，如果在剩下的日子裡只是反覆祈願著「想再活久一點」，仍然是件很遺憾的事。

生活中針對自己提出質疑是出乎意料地困難。一旦踏入社會，就必須忙於生計，受困於眼前的現實，根本沒有餘力問自己問題。即使提問了，答案也心裡有數，我們一樣無法擺脫一切，隨心所欲地生活，就連考慮今天吃什麼或做什麼也覺得是一種奢侈。但是，無論如何時間總會流逝，如果不問問自己這些問題，只是順其自然地活著，那麼這種態度就會變成一種習慣。習慣會產生一種稱為慣性的加速度，也會改變生活的內容和方向。活得越久，我越發現「三歲之習，至於八十」並不是一句古話。

總之，我無法延長眼前這位老年病患的餘命，只願他能好好利用剩下的時間。他不用完成什麼多了不起的大事，只希望他在日常生活中也能找到微小的快樂。我給他出了一個功課，要他在下次門診時，說出他想做的十件事。每天做一件讓自己笑的事、每天用手機拍照、每週散步三次、每天給孩子發一則訊息、每天對妻子說謝謝等等，這些瑣碎的小事就足夠了。

然而，是這個回家功課太難了嗎？還是這些事太普通了，不覺得特別呢？下次門診時他空手而來。最終，他在最後一個問題的答案格上留下空白，還沒過中秋節就闔上了雙眼。

每個人都帶著一個疑問誕生在這世上：「如何讓被賦予的一生過得有意義？」如果這算是一門功課，那麼我們都正在完成自己的功課中。當然，無論是否完成了今生的功課，無論如何完成它，最終在死亡的那一刻，結果都由自己承受。知道自己的預期壽命雖然令人心碎，但換個角度想，這也許是一種特別紅利，因為人們通常在不知道自己還能活多久的情況下步向死亡。

「現在你只剩〇〇日子可活，你想怎麼使用這段時間呢？」

當然，沒有答完這道題並不會有人說什麼，但是留下空格實在是太可惜了。

需要談一談

週六下午，我接到急診室的電話。週末急診室打來的電話大多是不祥的消息。情況是多麼糟糕和緊急，會在週末打電話給門診醫生？果然，我的一名接受過鼻咽癌化療的病患，因為頸動脈破裂而失血過多，被送往急診室。昨天才來門診找我的人，隔天竟奄奄一息地被送到醫院。急診室主治醫生說，病患血壓不穩定，已處於休克狀態。一般來說，這種情況需要進行手術或止血以防止持續出血，如果心臟因為休克而停止，也需要做心肺復甦術。但是他是一名鼻咽癌末期病患。急診室的主治醫生看到我在門診病歷最後寫的一句話「no more chemotherapy」（不再進行化療），感到很苦惱，於是打電話給我。

「醫生，我用升壓劑勉強維持著，要不要試試栓塞術（一種通過血管接近出血部位並利用膠狀物質堵塞血管的介入手術）？」

「不，請不要。他之前接受放射治療的部位已溶解壞死，癌細胞在那個位置生長，才導致血管破裂。即使用栓塞術也無法止血，而且就算堵住那個部位，旁邊的部位也會裂開。……就讓他安詳地走吧。」

站在醫生的立場，開口要求讓病患安詳地離開並不容易。但大多數醫生本能地知道，有時這是為病患好的唯一途徑。

不久之後，病患在週六下午毫無痛苦地離開人世。聽說家屬送病患離開時沒有太大的騷動，雖然病患的過世令人心痛，但同時也令人鬆了一口氣，會這麼說是因為病患兒子的緣故。

一個月前病患住院，我在會診時看到一名未曾見過的年輕人站在病人床邊。巡房結束後，我從病房離開，此時年輕人跟著出來並問道：

「醫生，我父親的情況怎麼樣？」

那是我和他兒子的第一次見面。

大多數醫生不喜歡這樣的問題，因為無論說明多少次，每個單獨來看病患的家屬，還是會提出同樣的問題，如果不了解病患病情的嚴重性，就會感到相當震驚。醫生每次被問到同樣的問題時，都必須重複進行同樣的解釋，因此感到非常吃力，而較晚得知病患病情的家屬，他們的反應有時也會令人感到困惑。另一方面，即使醫生解釋得再怎麼淺顯易懂，病患或緊急聯絡人也很難完全理解醫生的話，而且既然要了解病情，其他家屬會想聽主治醫生的解釋。從這一點來看，醫生必須多次解釋病情雖然很辛苦，但是可以理解。然而，家屬不能正確認識病患的病情時，總是令人感到遺憾。

當緊急聯絡人在不太了解病患病情的情況下提出問題時，我通常會用同樣的問題反問對方。身為醫生，這也是為了確認緊急聯絡人對病患的了解程度，同時也可以更容易回答緊急聯絡人的問題。

「你知道你父親的情況嗎？」

「我……呃……呃……。」

兒子結結巴巴地回答我的問題：

「就是……我知道治療的話就會好起來……。」

這是一個令人困惑的回答。我又再問了幾個問題：

「嗯，你說好起來是什麼意思？就你所知，你父親正在進行的化療是以完全治好為目標呢？還是以延長生命為目標？你知道癌細胞擴散到哪裡了嗎？」

兒子對我一連串反問的問題一個字也回答不出來。看來病患從來沒有如實告訴兒子自己的病情。兒子從父親那裡聽到的都是類似「我很好，不用擔心，管好你自己的事吧」、「我這次接受治療後，很快就會好起來」、「你很忙，沒必要跟我來醫院」、「爸爸我應付得很好」等內容。

我覺得這樣不行，於是就抓住兒子，給他看病患的磁振造影（MRI）照片，開始向他解釋。我花了很長的時間，鉅細靡遺地說明他父親從三年前到現在接受過什麼治療、結果如何、癌細胞現在擴散到哪裡。惡性腫瘤就在一條大血管旁邊，它就像一顆不定時炸彈，沒有人知道血管什麼時候會溶解破裂，一旦血管爆裂開來，就會立即死亡。

聽完這些說明後，兒子非常震驚，因為到目前為止父親說的話和主治醫生所說的相差實在太大。依目前的情況來看，醫生應該是對的，但對身為兒子的他來說，這是一個難以接受的事實。我接著對他說，雖然父親現在看起來很好，但是我們不知道他什麼時候會怎麼離開，所剩的時間不多了，要盡可能地多和父親一起度過有意義的時光。兒子突然開始哭了起來，一個成年男子像個小學生一樣放聲大哭。也許父親的存在對他來說特別重要。一直相信父親就是「超人」，但他卻在不知不覺間變得如此脆弱，甚至即將離世，這不是很令人震驚嗎？

病患經營一家大型企業，似乎有很多事情需要整理。我勸他要慢慢把幾個月來一直進行的工作做個結尾，但是他總是一天拖過一天，來門診時還滔滔不絕地談論生意，說自己因為這次嚴格的稅務調查，過得特別辛苦等等，而且看起來似乎沒有向家人如實說明自己的身體狀況。

也許病患自己也相信病情會好轉。向家人坦白，整理自己的工作和日常生活，等於承認自己真的正在和癌症搏鬥，而且很快就會離世。又或許他是不想給兒子和家人帶來不必要的擔憂。但問題是病患的健康不只與病患自身有關，就像後來才了解情況的兒子一樣，家人必然會感到驚慌和震驚。

在韓國，大多數家庭成員之間很少進行對話。真正的對話不是諸如「我們吃飯吧」、「你在哪裡？」或是「你什麼時候回家？」之類的交談。只要想想自己與同事、朋友的談話內容，就很容易看出其中的差異。與他們一起聊的話題從人際關係、工作職場上的喜怒哀樂、日常生活中的大小事，到最近看過的電影、讀過的書、興趣愛好，甚至吐露自己各式各樣的苦惱。但是和家人都談些什麼呢？

我偶爾會問病人身邊的緊急聯絡人這些問題：

「你媽媽最喜歡的歌是什麼？」

「在這種情況下，你父親會做出怎樣的選擇？」

能夠正確回答這些問題的人並不多。每當這時候，家人之間雖然以為很了解彼此，但我認為沒有什麼存在比家人更不了解彼此的。對素不相識的陌生人，我們總是為了互相了解而客客氣氣地交談，但是家人是從出生起就是一家人，便誤以為即使不說對方也會知道。「無論發生什麼問題，最終都會沒事」的想法往往會傷害他人。家人永遠是比任何人都更容易被忽視的存在，因為總是遊走在「因為我們是一家人」和「我們是一家人又怎樣」之間。

不說就不會知道。那位病患應該向家人誠實告知自己的身體狀況。無論不這麼做的理由是出於害怕還是為家人著想，結果都只有造成傷害。作為一名醫生，我一直在觀察「死亡」將關係的結局帶往何處。我認為這麼做對離開的人和留下的人都有幫助。否則，你將別無選擇，只能像病患的兒子一樣遭受打擊。即使我們有血緣關係，傷口累積久了也會化膿潰爛，悔恨更深，遺憾更長。不，也許正因為有血緣關係才更加如此。家人要成為家人，需要坦誠的對話。

難以置信的死亡

我在六年前認識S病患，當時她二十歲出頭。相處了一段不短的時間後，我成為少數幾個了解S坎坷過往的人之一。年紀輕輕就成為一名癌症病患，想必非常辛苦，但在此之前，她的個人經歷就已經非常複雜。她從小在繼母的虐待和家庭暴力中成長，父親因為與繼母分居而不在身邊。在接受癌症治療期間，為了癌症保險金與繼母發生糾紛，但幸運的是，有了這筆保險金，讓她可以獨立生活。然而，問題就出在癌症。惡性腫瘤不肯輕易放過她。雖然治療後被診斷為完全緩解（complete response，簡稱CR），但在即將痊癒前又復發，再次手術後再次完全緩解，但結婚後又復發。癌症不斷地折磨著她。儘管如此，S還是堅強地挺住了。現在距離真正徹底治癒的時刻僅剩一步之遙。

然而在S門診的那天，平常一定會出現的她卻沒有來。偶爾也會有病人預約門診卻沒有出現的情況，這時我就會打電話過去確認一下。但奇怪的是，那天我感覺不太對勁，心裡有一種難以言喻的不安感。不管怎樣，我覺得需要重新幫她預約門診。我連絡她好幾次，但手機一直顯示關機狀態。幾天過去了，當我聯繫到身為緊急聯絡人的丈夫時，他在電話的另一頭抽泣地說：「我的妻子從公寓陽台跳下去了。」

如果與瀕臨死亡的病患認真交談，會發現他們並不像想像的那麼害怕死亡。他們說，比起死亡本身，他們更害怕臨死前經歷的疼痛、呼吸困難，以及擔心自己會孤獨又痛苦地死去。他們擔心自己會給周遭的人帶來太大的麻煩，擔心自己會被所愛的人拋棄，擔心自己會被社會孤立，擔心自己會成為家人的負擔。他們害怕失去健康的體態，害怕無法做以前能做的事，害怕失去自己所愛的人，害怕失去自我控制的能力，並對此感到悲傷。事實上，在經歷這一切的過程中，他們說「不如死了算了」的時候，有時不單純只是一種抱怨，而是真心有這樣的念頭。

因此，親眼目睹病患經歷這痛不欲生的過程後，我無法同意「必死的勇氣」一詞。至少我觀察到的勇氣不是結束自己生命的勇氣，而是相近於「即使知道終將會死，每一天也要堅強活著」的求生意志。而且S比我認識的任何一位病患都更有這種勇氣，這樣的她竟然自殺了。

我很難相信S是自己結束了生命。想到她好不容易撐過那段艱難的時間，就覺得難以接受，而且她的死亡與我認識的自殺病患所表現出的任何共同點都不相符。

大多數選擇自殺的病患，在與疾病搏鬥的過程中被極大的痛苦折磨著，因此他們選擇了自我結束生命，讓自己不那麼痛苦。通常他們會留下遺書說明自己不得不死的理由，這麼做既是為了別人，也是為了自己。然而，S並不屬於上述任何一種。只要想到跳下去之後，摔到地上時身體會四分五裂，跳樓就不是一個知道疼痛之苦的病患會選擇的死法。最重要的是她沒有留下遺書。別說遺書了，甚至沒有留下任何簡訊。

身為主治醫生，直覺告訴我這不是自殺。如果真的想死，就不可能接受那麼辛苦的切除手術，也不可能接受化療。就辛苦程度來看，幾年前是更折磨、更痛苦的時期。如果在當時自殺，也許我多少還能理解。但絕對不是現在，因為一切都在收尾和好轉中。難道她覺得所有一切都支離破碎了？

以前，有一位決心求死的病患離開醫院，多虧計程車司機才能活著回來。穿著病人服的病患從醫院出來，要求司機前往漢江大橋。計程車司機並沒有漠視這樣的情況就開走，反而在送病患下車後沒有離開，一直在一旁注視著。司機看到病患在大橋護欄前猶豫的樣子，便上前與他搭話。病患把自己的故事全都告訴了陌生的計程車司機，透過交談，他改變了自殺的想法，再次坐上計程車返回醫院。歸根結底，「自己選擇死亡」的行為更接近是一種訴求的傳達，表明自己「痛苦得要死卻無法解決」的挫折感。有時，無論是誰，只要傾聽他們內心的聲音，只要抓住他們，就可以阻止死亡的發生。

我左思右想，最後得出的結論是S可能是失足墜樓而死，並不是跳樓身亡。每個人在遇到困難時都有自己想去的地方，家中陽台對她來說可能就是這樣的場所。當她在那裡試圖控制自己波動的情緒時，可能變得情緒化，以至於認為也許死了會更好。雖然情況有所好轉，但她可能還在大喊著「難受得想死」、「如果有人注意到就好了」。那天只是那些日子的其中一天，那天不就是因為一時的失誤而導致意外發生的嗎？

不，這只是我的希望和想像。即使我了解她的過往，也無法完全了解她的內心。人類有先天上的不足，以至於無法完全理解他人的痛苦。也許她身上有我無法觸及的黑暗，她的絕望和痛苦可能比我想像的更深。

身為主治醫生，我應該察覺到病患有自殺的跡象，並把她轉介到心理健康部門接受諮商，但是我沒做到這一點，讓我深感自責。在可能是最後一次的門診，S發送了一則簡訊給我，我是不是沒有讀出字裡行間暗示的訊息？也許是希望她的死與我無關，但是我想不出任何藉口，所以想要否認，因為人類善於自我合理化。

然而，無論S的死是自殺還是意外，有一件事是明確的。儘管她如此堅強地堅持下來，但她心裡還是有個角落被「不如死了算了」的念頭佔據。即使是以著無比堅強的意志挺過困境的人，在持續的痛苦中，「死亡」的念頭似乎都會在不知不覺間湧上心頭，佔據一切。

我突然害怕起來。那些我一直關注著並相信他們能夠堅持下去的病患，也可能在一瞬間出現「不如……」的念頭。對於那些實際上承受著比死亡更加痛苦的病患來說，在那瞬間，要怎樣才能找到活下去而不是死去的勇氣呢？身為一個無法觀察病患的每時每刻、無法完全了解病患內心深處的醫生，我該怎麼做呢？S留下的功課比以往任何時候都更深刻、更沉重。

遲來的死亡

醫生們一上班，做的第一件事就是檢查住院病患的生命徵象紀錄表（vital sign sheet）。生命徵象紀錄表是記錄病患血壓、體溫、脈搏率和呼吸頻率的圖表。透過查看圖表的模式，可以很容易知道病患是否平安無事，或者是否有任何其他問題。此圖表非常準確，是根據數十年的臨床經驗精確設計出來的。生命徵象紀錄表上的紅線和藍線對齊且保持穩定的病患，是沒有什麼問題的病患。相反地，發燒或血壓下降的病患，圖表的走向會上下起伏地舞動。如果生命徵象紀錄表震動擺盪，就表示病人發生了大問題。

即將死去的人，這張圖表很容易出現震盪。隨著血壓下降、體溫升高、脈搏加快、呼吸頻率變得不規律，圖表線條形成鋸齒狀的震盪。這些表現是死亡的預兆。接著，當圖表線條往下摔了大跤，病患便停止呼吸。因此，如果觀察臨終前晚期癌症病患的圖表模式，可以在某種程度上推測出病患停止呼吸的時間。繼續這樣發展下去，恐怕很難撐過今天、撐不過兩三天，或者撐不過週末等等，我會做出這樣的判斷，並向緊急聯絡人解釋。不過，從圖表的擺動來看，似乎就快要過世的情況中，也還是有人堅持了很久。這是一種無法解釋的死亡延遲。這種情況很少見，但有時候還是會發生。

那位病患的情況就是如此。他是三十多歲的年輕癌症病患，經過積極的化療撐過了幾年，但現在已經沒有可以用的藥物，腫瘤無情地生長。生命徵象紀錄表震盪著，從那如同舞蹈般擺動的線條來看，說他馬上就會離開也不奇怪，但是他的死亡卻遲來了好幾天，家人一直處於待命狀態，病患的父親和妻子為了守在病患身邊，不敢離開座位。我擔心這個病人是不是還在堅持些什麼。

「見過所有他想要見的人了嗎？」

「是的……都聯繫了，昨天大概都來過了。」

「孩子們也是嗎？」

「……。」

對於我的問題，病人的妻子低著頭，久久答不出話來。過了一會兒，她說還沒有告訴孩子們。現在是小姑在照顧他們，還沒來過。她抽泣著說不知道該怎麼跟不知道爸爸狀況的孩子們說。

直到不久前，病患和他的妻子、父親還一直希望繼續接受化療。幾個月前，我告訴他們現在已經沒有可以用的藥物，必須做好死亡的準備，但是他們都無法接受，原因只有一個：孩子們還太小了。病患和他的妻子緊緊抓住我，希望能再給他們一點時間就好，問我還有沒有別的辦法。我進行了各種基因檢測，也研究了臨床試驗，但是都無濟於事。我也花了很多錢尋找替代醫學，但是也一樣沒有用。在此期間，癌細胞持續擴大。

說服病人、妻子和父親不是一件容易的事。我也嘗試過安寧療護諮商，但病患的父親無法接受，甚至大鬧一場，質問怎麼不是想辦法救他兒子，而是只想著把他送去安寧療護醫院。從父親的角度來看，病患才三十多歲，還太年輕；對病患來說，小孩才上幼兒園和小學低年級，還太小了。年長的父親需要兒子，年幼的孩子需要父親。

「但是孩子們不應該來看看嗎？」

說這些話必須非常小心，因為比起我為病患的孩子著想，父母更愛孩子、更替他們著想。儘管如此，我還是小心翼翼地建議讓孩子們來見見他們的爸爸。但是病患的妻子只是哭泣，哭了一會兒之後，她開口說：

「孩子們還太小……。」

我告訴他們不要擔心，問題不是沒有父親，而是沒有人扮演父親的角色。我還補充說，如果母親和其他家庭成員能扮演起父親的角色，孩子們就會不受影響地成長。但即使病患還活著，卻不是扮演父親角色的那個人，孩子們也很難好好地長大。

隔天的會診與平常沒有什麼不同。病患的父親和妻子一直陪伴在他身邊，他堅持過來了。現在小便幾乎都出不來，看起來實在快堅持不下去了，但是他還是堅持住了。當被問到晚上有沒有發生什麼事時，他的妻子說，病患呼吸困難，臉好像更腫了。就在那時，門突然被推開，一個看起來像小姑的女人和大大小小明亮稚嫩的眼睛進到病房門口。他們是病患的孩子，我未曾見過。看到孩子們，我立刻明白他為什麼要繼續堅持下去。

孩子們在門口猶豫著要不要進來。對孩子來說，病房一定是既陌生又可怕。在探索了一會兒病房沉重的空氣後，孩子們來到爸爸身邊。兩個當中年紀較大的孩子靜靜看著病患，然後轉向他的母親問道：

「爸爸頭上腫了一大包，他生病了嗎？」

病患頭上有栗子大小的腫塊。不是腫包，而是癌症轉移到皮膚上形成的腫塊，住院期間，腫塊不斷變大，長成了栗子大小。就連我也不知道該如何向七歲多的孩子解釋他將與父親永遠分開。

「媽媽，……爸爸現在要死了嗎？」

面對要在沒有父親的世界中生活的六歲和八歲孩子，成年人不知道該向他們說些什麼。病房裡一片寂靜，病患的妻子和父親只是默默地流淚，啜泣聲此起彼落。

孩子們對於眼前父親的樣子一定感到很奇怪。因為「哎呦哎呦」才去醫院的爸爸，為什麼他們來了也裝作不知道，只是一直睡覺。想要被爸爸抱著和他一起玩，又因為他全身都掛著奇怪的繩子，連抱也不能抱。叫他也沒有回答，沒有睜開眼睛。每次呼吸時，都發出呼嚕呼嚕的聲音。媽媽抓著爸爸的手，蹲在地上嗚嗚地哭，爺爺扶著牆抽泣……。

病患的妻子搖著病患大聲喊道：「老公，睜開你的眼睛……睜開你的眼睛……孩子們來了。你要看看他們的臉再走……。」妻子越來越用力地搖晃病人，父親也搖晃著兒子。「應該是我先走才對，你怎麼能丟下這麼小的孩子先走，你這個混蛋……你這個無情的混蛋……」。在孩子們眼裡，父親一動不動地躺著，甚至連媽媽和爺爺的哭聲都假裝沒聽到，他們會不會更覺得爸爸好奇怪。病患的呼吸變得越來越急促了。

孩子們離開後，大約過了一個小時，病患過世了。那時我才理解了這名病患遲來的死亡。看來他真的很想見孩子們最後一面，所以才一直堅持到孩子們來看他為止。

我想說的並不是一個賺人熱淚的感人故事，雖然這確實是個令人心痛的事，但從現實面來看，只要病人繼續堅持著，所有人都很辛苦。不只病患本人感到痛苦，只能在一旁守望著他的家人也很難受。遺憾的是，醫生能為病患做的，幾乎微乎其微。如果這種情況長時間持續下去，到頭來每個人都會身心俱疲。所以，有時我會覺得這種時候安心離去會更好，但有時又想，是不是還有什麼不捨或遺憾，讓病患無法踏出最後一步。

從科學角度來看，當收縮壓低於五十毫米汞柱（mmHg）時，動脈血就無法供應到冠狀動脈，心臟就無法正常跳動。但是，也有幾位病患的血壓超過一個禮拜維持在五十毫米汞柱，有些病患甚至在生前出現了死後才會出現的屍斑，這些都是很奇怪的事。即使和經驗豐富的醫生同行談起這些現象，他們也會露出困惑的表情。無論學了多少醫學和分子生物學，這些情況都無法用科學解釋，所以我能想到的只有「還有什麼遺憾」或「還邁不開腳步前往來世」之類的理由。你可能會反問我，這是從事科學領域工作的人該說的話嗎？雖然理屈詞窮，但我確實會這麼想，因為我不知道如何解釋那些遲來的死亡和病人的堅持。

如果這是超出科學範圍的事，那麼當死亡遲來時，我會想問問無法回答的病患：「你還在等什麼？是什麼讓你邁不開腳步？」如果能夠知道，我想找出答案並幫忙滿足病患心頭的願望，哪怕只是一點點也好。作為一個人，而不是一個醫生，我希望病患在經歷坎坷的人生以及與病魔長期的纏鬥後，能夠盡可能輕鬆地離開，前往下一段旅程。

從這一點來看，那位病患是否帶著稍微輕鬆的心情離開了呢？最後能看到孩子們再離開，或許會少了一些遺憾，但是應該還是放不下對孩子們的牽掛吧？然而，孩子是透過自己的眼睛看世界。大人總是用大人的眼睛來猜測孩子，但孩子比大人更能承受困難。我用心向離開的他傳遞問候，告訴他孩子比大人堅強，不要掛心。祈願他的腳步能因此再輕鬆一些。

Chapter 2

起碼還活著

#

……我遇到的年輕病患們，在克服癌症後，有著相當不同的生活方式。有一個朋友在戰勝死亡的挑戰後，走上了神職人員的道路。也有把目光轉移到海外的一家公司並順利就職的朋友。有些人幸運地繼承了父親的事業，也有早早開始摸索如何創業的朋友。這些朋友大多數都能夠獲得父母的支持。然而，大多數的情況是很多人仍然持續失業或正在待業中。在他們身邊看到的現實更加殘酷無情。

重新開機的人生

「司機，請盡快開到樂天酒店。」

那天是我演講的日子，眼看就快要遲到，於是我趕緊在醫院前面叫了計程車。計程車司機從後視鏡看了我一眼，轉身對我說：

「咦？您不是金範錫醫生嗎？」

僅僅只有一面之緣的計程車司機居然叫得出我的名字，我驚訝不已。我看向他，發現他是我的病人。世界上居然有這種巧合？

第一次遇見他大約是五年前，那時他是一名肺癌四期病患的「緊急聯絡人」。大約在四年前，他變成了「病患」來求診。當時他已經做了胃癌手術，並另外做了胸腺癌手術，但因為胸腺癌復發，需要再次手術和化療。幸運的是他完全康復了。從緊急聯絡人變成病患本來就不常見，何況還是在計程車上偶遇，我真是訝異不已，也很高興。此時此刻，一切似乎都是命運的安排，而不是巧合。

前往會場的路況比預期的更為壅塞。他似乎是見到我太開心了，所以跟我講了很多他平常門診時沒機會講的事。

「我因為得了癌症才知道，自從大家聽說我得癌症之後，我的一些好朋友都很擔心，其中也有和我同樣罹癌的人，憂心忡忡地跑來問我該怎麼辦。有的人拿著裝了幾萬韓元的信封給我，想要幫助我支付醫院費用。有的朋友主動買肉給我補身體。我真的很感激他們都主動打電話表達關心。但也有人突然斷絕了聯繫，甚至有人找我借錢，我的確是收到金額不高的癌症理賠保險金，但我根本不知道他們是怎麼知道的。自從罹患癌症後，我完全看清楚我身邊都是怎樣的人。我當作是朋友的人，但實際上我想錯了……。萬一我沒有得癌症，我總有一天會被那些人騙得很慘。

我有兩個兒子。小時候我把他們摟在懷裡，我就是他們的一切。現在他們長大了，成家立業，離開了家裡。我沒辦法像以前一樣幫他們出主意。如今他們必須和另一伴商量大小事，人生也有很多其他需要擔心之處。我不應該對我的孩子抱有任何期望。當孩子們回老家的時候我很開心，就算只是打電話來我也高興，而當他們一通電話都沒打時，我知道他們在忙，所以我並不會失望。我認為孩子是獨立的個體，我必須從保護欲中抽離出來，這麼一想我也沒有什麼好抱怨的了。正因如此，孩子們其實能夠更自在地和我相處。

我被診斷出癌症之後極需要照料，而照顧我的人就是我的太太，我非常感謝她。

我原本早該在四年前就撒手人寰。然而當時我遇到了很棒的醫護團隊，接受了手術、放射治療和化療，所以現在情況還不錯。如果不是這些醫生，我早就一命嗚呼了。因為運氣好，我才能遇到這麼好的醫生。

我每次去看診的時候，都擔心佔用醫生太多的時間，因此我都盡量早點離開。我看您似乎都忙到沒時間吃午餐，加上很多人的病情都比我更嚴重，所以我想盡量把時間留給他們。我不再感到不舒服，所以每當回診的檢查報告都沒問題，我就向您說聲『謝謝』之後，趕快離開。我照常吃三餐，身體沒有異樣，檢查結果也沒事，所以不需要多問其他的問題。

我今天真的好高興能載到醫生您，請原諒我這麼多話。我會開快一點，盡快送您抵達樂天酒店。」

我看著窗外的路況，似乎無論我怎麼趕，都沒有辦法準時抵達。從醫院經過安國洞的十字路口後，前往鐘閣站的車流原本就很多，但今天更糟。實際上他是不可能盡快抵達的，所以他只是想讓我安心。這場偶遇，他看起來很開心也很興奮，而且似乎有很多話想說。當車子過了安國站時，我終於緩解了焦慮的心情。無論如何，我在計程車上唯一能做的就是聽他講話。

「我把自己當作死了。我就像死人所化成的鬼魂一樣，這種想法徹底顛覆了我的生活。如果是以前，我停在路邊時突然有人跳上車的話，我一定會大罵他們一頓。但是現在我不在乎了。無論客人多麼無禮，五分鐘後我就會忘記，不再介意。

雖然我開計程車，但感覺就好像天天出門兜風。天氣好的時候，即使沒有顧客，我也會開著車子到處晃晃。有顧客很好，沒有顧客就當作兜風，肚子餓了就去司機們常去的美食餐廳吃飯。

也是有些人看不起開計程車的人。到了這個年紀，我能做的工作不多。這份工作的好處是沒有退休年齡。當我看到人們因為我開計程車而對我無禮時，我就會這麼想：『我不知道你從事什麼工作，但就讓我看看，你有沒有本事像我一樣，到了這把年紀還能有工作。』

我從不讓自己過度勞累。我每個月的收入大約是二百萬韓元，我太太也大概知道我的收入，於是她不過問。我得了癌症之後，她不再要求我賺錢回家。我並沒有因此在家閒著，而是吃完早餐就出門，到了晚上才回來。每當我一個月一次把裝有薪資的信封遞給她時，她也沒多說什麼。還能吃上三餐已經很不錯了。在歷經三次癌症手術之後，我的太太對我說，很慶幸我還活著沒有死，叫我不要生病。

對了，我們家甚至不再祭祖。因為我看得出來，我的媳婦們並不喜歡。活著的人比死掉的人更重要，然而活著的人卻因為死掉的人而爭吵？我觀察到家裡的氣氛不太好，於是我決定擺脫這一切，停止祭祖儀式。我不想在我死後，孩子們因為要不要祭拜我而爭執不休。我生前沒有為他們做過什麼好事，更沒有財產讓他們繼承，如果死後我還要為難我的孩子，我就是一個壞人。所以我們逢年過節都不祭祖，只出去玩，因此大家都很開心，逢年過節也更常回家。他們回家前已經自己計畫好今年要去哪裡玩，總費用均攤，幾個人就除以幾。事實上就算吃了美食，逛了美好的地方，但生命仍舊太短暫。我不懂我們過去為什麼要花那麼多時間吵架。

我寫了一份遺囑，交代家人在我死後將我火化，撒在河邊。不用在意往生者，只要顧好你們自己，有生之年要過得開心。他們說希望將來也能效法我。

我的一些同行好友中，有位朋友死於車禍。我早上才跟他問好，卻在晚上參加他的葬禮，我感到非常失落……。我想我真的很幸運，沒有走得那麼突然，而且還已經做好了死亡的準備。這是很幸福的事，醫生，您說對不對？」

當他問我的時候，車子剛好經過清溪川。雖然我看不到坐在駕駛座上的他的臉，但我彷彿能夠看到他的表情。他的臉上應該是寫滿了幸福。

「罹癌之後，我的生活完全改變了。醫生，謝謝您。謝謝您醫術高明，治好了我，讓我的人生徹底改變了。真的很感謝您。我兒子說，感覺就像爸爸重新開機了，哈哈。」

據我所知，他的學歷不高，有的人一輩子都不會得到的癌症，他得過兩次。他動了三次癌症手術，但又再度復發，所以必須接受化療。他現在狀況良好，但我不確定是否會因什麼原因而復發。當時他的手頭並不寬裕，而他說他現在很幸福。

到達目的地時，計程車後座的男人付完車資之後下車，從後視鏡走過去。他是一個四十多歲的男人，身體健康，沒有任何病痛。他畢業於韓國最好的大學之一，是醫術獲得肯定的醫生，並且擁有穩定的教授職位。就外在條件而言，沒有任何可能會不如坐在駕駛座的司機。但就在那一刻，我卻講不出口說我很幸福，因為我知道幸福不是絕對值，所以我沒有質疑我和他之間的差距。只不過我覺得自己是個無法感到幸福的人，這一點讓我有些難過，因為這不是條件上的差別，而是骨子裡的差異。

重新開機的人生啊。

我向他道聲再見，邊走邊思考。電子產品都有一個重置鍵，有時我希望我的人生也能有一個重置鍵。當生活到了無能為力的地步時，如果我能按下這個按鈕，回到生活中的某個點重新開始，我覺得我應該可以過得更好。

當然，這不過是想像罷了，沒有可以改變過去的重置鍵。這個故事的最後是，我很羨慕他如此快樂。那種改變，是一種有深度又游刃有餘的生活態度。不過我還是安慰了自己一番，我只是還沒找到那個重置鍵。也許有一天，我也可能會遇到和他一樣的轉捩點。

奇蹟

我曾經為了進行研究工作，在美國加州生活了一年。在韓國行醫的八年裡，我不能好好休假，過著照顧病人的忙碌生活。但在美國度過的時光讓我感到格外輕鬆，哪怕只是片刻，都能夠減輕我當醫生時的精神壓力。

然而時光如梭、稍縱即逝。一年後的秋天，我返回韓國。回到醫院的第一天，那裡的氛圍依然沉重。韓國秋天的天空滿是細塵，空氣黏稠。晦暗的天空和灰色的混凝土醫院大樓沉重地壓在我的心上。回來沒幾天，我就開始想念加州的藍天。

回國後的第一天查房，名單上唯一的病患病情很嚴重。本來以前就有很多重症或棘手的癌症病患，但因為我很久沒有查房，過往一向上手的工作做起來特別辛苦，穿上我自己的醫生袍也感覺好沉重。尤其當我前往探視十二樓的四十多歲男性病患途中，我的腳居然卡在走廊地板，無法脫身。那名病人罹患的是原發部位不明轉移癌（這類癌症是在轉移狀態中被發現，無法得知癌症最初發生的部位。原發部位不明癌通常預後較差，因為只能在癌症已經擴散時才能察覺），這是一種罕見的癌症。我和那名病患不曾謀面，但當我在美國的時候就聽說過他。因為該病患的腫瘤科醫生和耳鼻喉科醫生寄了電子郵件給我，詢問治療方面的建議。

兩位主治醫生正面對這麼年輕的男性病患，他們告訴我手術結果、病理切片的種種情況，問我怎麼看。既然原發部位不明，那麼原發部位的治療該集中在哪裡才好呢？他們說已經嘗試過了某幾種治療方式，但都沒有效果，接下來他們想要試試看其他某幾種的方法，問我的意見如何。這次嘗試了某種治療，但還是沒有效果，問我下一步最好的治療方法是什麼。病患很年輕，非常積極配合治療，但效果不佳，因此他們感到很沮喪。這就是郵件的內容。由於這是一種罕見癌症，醫護人員非常挫折。

電子郵件中的內容總是很長，但我的回覆經常很短。「我也不知道。根據我的經驗，這類病患通常對各種治療反應不佳，我想不出任何解決辦法。我為病人感到難過，但我認為是時候談論安寧緩和療護……。我很抱歉沒能提供好意見……」一直都是如此。這種癌症的確難以治療，但在沒有親自見到病人的情況下，我實在很難給出具體的意見。然而從九月開始，換成我當他的負責人，而我只透過電子郵件聯繫過他。

當我走進十二樓病房查房時，護理師一看到我就對我說：

「醫生，您怎麼現在才來？病人和他的家人從昨天開始就一直在等您。」

「我？天啊……。昨天是我的門診日，我一整天都在看診，所以沒辦法排查房。」

「我們已經說過了，但他們全家人還是從昨天早上就開始等，就這樣等了一整天，說一定要見到您。」

我打開病房的門走了進去，相互打了招呼。病房裡，一位年輕的男病患和他的太太、妹妹正在等我。比起我已看過的病歷和CT掃描結果，眼前的情況更加嚴重。惡性腫瘤非常大。拳頭大小的腫塊看起來就像一個發怒的紅色怪物，而且比CT上看到的還要腫。鎖骨旁邊的腫塊埋得很深。因為腫塊和血管相連，如果再深入一點，大血管就會爆裂。腫塊中心有出血和化膿，情況比我想像的還要糟糕。

意思是，癌症在曾經放射治療過的部位復發，或者在放射治療完成後立即增生，顯示出癌症非常棘手且有毒性。若在其他國家，這名病患可能會轉入接受安寧緩和療護階段。然而，韓國大多數的病患和家人都希望不惜一切代價堅持治療。病人這麼年輕，況且還有年幼的孩子。由於沒有其他選擇，我開了免疫抗癌藥物，但癌細胞沒有減少的跡象。免疫抗癌藥物原本就對這類癌症效果不大，再加上曾經放射治療過的部位又復發，免疫環境產生變化，導致免疫抗癌藥物的效果更不理想。根據我的經驗和文獻看來的確如此。

一直在病房等我的病患和家屬總是屏氣凝神、繃緊神經聆聽我說出的每一句話。我突然發現自己處於這樣的立場：我向焦急等待我的病患和他的家人問候的同時，又必須傳達壞消息。雖然這就是身為腫瘤科醫生的工作，但有時我覺得壓力不堪負荷。當我必須開始談到後事時，總感覺自己就像是站在醫生和禮儀師之間的死神。有時候我想，如果我能像其他醫生一樣，對病患說：「經過手術和治療之後就會好起來，可以完全康復。」的話該有多好。然而，腫瘤科醫生是與完全康復之間距離相當遙遠的人，也是必須冷靜看待現實的人。

我把病人和他的家人叫過來，他們很緊張，因為不知道我會說什麼。我開始與他們交談。我說，我們期待有好的結果而進行治療，但也必須考量最壞的結果。萬一惡性腫瘤沒有縮小，可能出現各種併發狀況，一旦發生，我們就不會再進行積極治療。即便如此，既然免疫抗癌藥物沒有副作用，那就先試試吧，不過別抱太大的希望……。雖然我用極其委婉的方式傳達，但只要仔細聽的話，就會知道是壞消息。

病患在接受治療之後去了釜山，每三週回到首爾門診，就這樣往返於首爾與釜山之間。

但令人驚訝的是，在持續免疫療法的同時，慢慢開始發生改變。原本對免疫抗癌藥物有抵抗力的腫瘤，在兩、三個月後開始緩慢縮小。每三週一次回診時，我觀察到腫瘤逐漸縮小，最後縮到原本的一半大。看來這個時候才顯示出免疫抗癌藥物的效果。這完全出乎我意料，我不禁脫口而出：

「這簡直就像奇蹟。」

事實上，雖然病患們都期盼能有這樣的治療效果，醫生們的想法卻截然不同。隨著新醫療資訊的即時發布和治療方法的日益標準化，所謂的奇蹟療法已經很少見了。在一切數據化、標準化的現代醫學中，所謂的奇蹟早已成為傳說中的童話故事。它以「從此過著幸福快樂的生活」作尾聲，但從來沒有人見過童話故事裡的主角，並且也不期待它真的發生過。

對於看診量大的醫生們來說，不犯下〇．一％的致命錯誤比創造〇．一％的非凡奇蹟更重要。相較於為一、兩名病患帶來奇蹟般的治療，我們更希望為所有病患創造平均的治療結果，並且也希望治療的平均值逐漸改善。同樣地，在治療癌症病患的過程中，我們也聽說過奇蹟，但從未親眼見過。偶爾在極少數情況下，的確會出現如中樂透一般值得稱為奇蹟的故事。

無論如何，他體內的腫瘤奇蹟般地變小了。但我只是因為沒有其他選擇，才決定維持免疫抗癌藥物療法，這既不在我的預期中，更不是什麼了不起的選擇，卻沒想到惡性腫瘤慢慢縮小，最終幾乎完全消失。我們甚至進行了精確的基因檢測並提取癌細胞進行研究，然而從科學觀點上來看，我們無法得知為何它只對那名病患如此有效。當我看著那個消失的惡性腫瘤時，真真切切地感覺到我的知識不足，而且我的經驗如此狹隘。如果我當時匆促放棄的話會發生什麼事？如果我只憑自己片刻的判斷，認為癌症免疫療法不會有效，便中斷治療的話，結果會是什麼？我有可能徹底摧毀一個人的生活和一個家庭，我想都不敢想。

每次病患來到門診，他和太太都高興地報告進展：

「和兩個月前相比，感覺又縮小了一半。這是兩個月前的照片嗎？至於縮減了多少嘛……，請等一下。」

由於需要比較腫瘤大小減少了多少，所以我先前告訴他太太時不時用手機拍下可見的惡性腫瘤，家屬也很認真照我的吩咐拍了照片來到醫院。當太太打開手機，全神貫注滑動相簿尋找照片時，我的目光卻不是落在惡性腫瘤，而是瞥見即閃而過的病患和年幼孩子們的照片。躲在聖誕樹後微笑的孩子、孩子和病患一起歡笑的模樣、孩子撒嬌的表情、病人的微笑、一家人一起吃飯的時刻……。照片中的孩子很可愛，而惡性腫瘤越來越小，孩子和病患臉上的笑容越來越開懷。智慧型手機裡有想要刪除的一些照片，但也有想要珍藏的。

「啊！找到了，在這裡。這是上週的照片，腫瘤確實小了很多吧？」

太太露出開朗的笑容，自信滿滿給我看這張照片。幾乎所有的惡性腫瘤都消失了，這名病患每一次的回診都越來越振奮人心。病人的太太，也是他的緊急聯絡人，向我表達感謝，並且遞給我一封長信。她無法在短暫的門診時間表達的內心想法，藉由這封信傳遞出來。

我是〇〇〇病患的緊急聯絡人。這段期間我忐忑不安、手足無措。我以緊急聯絡人的身分掙扎不已時，不知不覺度過了春天、夏天和秋天，來到了冬天。我並沒有真正感受到季節的變化，但今年冬天我真切感受到了寒冷，大概就是因為上次門診時，您說這是一個奇蹟的緣故。去年夏天的時候，我想是因為聽說醫生您九月回來，我揪著一顆心等待著，於是我夢到一位素未謀面的醫生，他背著一個好大的登山包向我跑來喊叫著：「有辦法了！有辦法！」儘管我們只在網路上看過您的照片，但當時我們對您是那麼依賴、那麼期待。我們引領期盼已久的醫生，感謝您在第一次查房時毫無顧忌暢所欲言，所以我寫下這封感謝信給您。您說那天對我們說的話「太過嚴厲」，但並非如此。當我們全家人懷抱不切實際的盼望而逐漸失去力氣時，是您鼓勵我們、為我們祈禱，使我們變得更堅強。無論是當時還是現在，我完全能夠理解您說那些話的用意。我們全家都深信，您在我夢裡呼喊的那聲「有辦法」是真的。

緊急聯絡人說她夢到我，儘管我與她未曾謀面。我很困惑，不知道我是什麼時候、怎麼樣出現在她的夢裡。我想，是否當她無助看著腫瘤增生時，殷殷切切虔誠地祈禱，才會夢見素未謀面的醫生呢？直到那時我才明白，為什麼病患和家屬在第一天如此焦急等待我的查房。

她寫的信中充滿了對丈夫和家人的愛。我想著，把他們從死亡的深淵中拯救出來的不是醫生的處方，也不是抗癌藥物，而是他們的愛。

抗癌過程對於病患和家屬來說都令人筋疲力竭。在與病魔漫長而痛苦的抗爭之中，已經所剩無幾的愛很容易變得不堪一擊，僅存的希望也容易破滅。我見過無數的例子，經過漫長的抗癌日子之後，所有的人都是傷痕累累以無奈告終。然而無論多麼絕望，他們也沒有失去那份愛，這和惡性腫瘤縮小一樣是個奇蹟。

以我的經驗來說，即使病人離死亡越來越近，只要家人之間不失去對彼此的愛，即將離去的病人看起來似乎不會留下任何遺憾或悔恨，而活著的家人們也獲得了面對明日生活的力量。那些竭盡全力去愛的心，讓留下的人得以繼續前進。在癌症治療中，治癒是上帝的領域，而不是人類的領域，然而家人之間的愛是人們可以做到的，是現實中能夠控制的事不是嗎？比起治癒疾病，我現在所希望的奇蹟更接近這一點。我們常常忘記對彼此的愛，但此時此地就可以創造這樣的奇蹟。

我被解僱了

「醫生，您又沒吃午餐了吧？請吃點東西再看診吧。」

「我不是說過別再拿東西來了嗎？」

「這是我親手烤的餅乾，不會觸犯《禁止不正當請託與收受財物法》（又稱《金英蘭法》）的。」

心地善良的女孩又帶了餅乾來。我都告訴她不要再給我東西，但她每次來的時候還是會帶著三明治或餅乾等小點心來送給我。我每次都說太麻煩她了，但還是把她給我的食物吃個精光。她是個二十幾歲的開朗女孩，只要來看診，都聊些跟疾病無關的話題，完全不像病人。

「醫生，這次我全家人都感冒了，只有我沒有，我最健康了。我這次驗血結果出來了吧？結果很不錯吧？」

「檢查結果是滿分，過關！」

「我早就料到了。不過醫生，我最近因為別的事情快瘋了。」

「怎麼了？」

「是學校的事。」

J是一位剛上任的老師。她任教的地方是當地小鎮的一所職業高中，我從她那邊聽到關於這所學校的事完全超出了我的想像。或許有些誇張，但她現在任教的學校，感覺像是個流氓窩。據說，有學生攜帶金屬管，毆打被排擠的學生，還有一些孩子結成幫派，自成一派組織。她說的這些事實太過誇張，我光是聽都很吃力。她勤奮又熱情地教導學生們，但孩子們似乎瞧不起這位新上任的年輕女老師。再加上各種複雜的問題，讓她因捲入孩子們的幫派打架而受到不公平的紀律處分，而且還被家長投訴。問題似乎越來越嚴重，情況很尷尬。事實上，當她訴說這些艱辛的故事時，我完全無法想像。

七年前，J懷抱著夢想前往日本留學，但因發現全身布滿癌細胞而回國。問題在於，她當時一個人在國外生活，直到腫瘤明顯擴大才去就醫。等她回到韓國時，癌症已經擴散到全身。她的肚子裡有一個成人拳頭大小的惡性腫瘤，痛得她無法躺下伸腿。幸運的是化療有成效，病情得以緩解。然而快樂很短暫，幾個月後，她的癌症復發，又長出一個腫塊，並且蔓延到全身，她無可奈何，感覺自己快要死掉了。就在那時，一個名為「截剋瘤」（Xalkori）的標靶抗癌藥物正進行臨床試驗。J說她想把握這次機會參加試驗。令人驚訝的是，這個標靶抗癌藥物徹底殺死了她的癌細胞，她再次完全康復。

曾經瀕臨死亡的癌症病患現在已然痊癒。病情完全得以控制，六年多來，她的體內不再出現癌細胞。這是一種要價大約一億韓元的昂貴藥物，但由於參加了臨床試驗，她免費獲得了藥物，不用擔心藥物費用（沒有人想到這種名為「截剋瘤」的標靶抗癌藥物對治療惡性淋巴瘤如此有效。「截剋瘤」成為一種改變醫學教科書的治療方法，也刊登了論文，引起了許多研究人員的關注）。

J就這樣恢復正常生活，也念完大學。在通過嚴苛的教師資格考試之後，她成為學校老師。但是她說，現在好像快被學校解僱了。她對我傾訴著說，雖然當上老師很開心，但如今因為老師的身分而面臨辛苦和磨難。有人說人生是塞翁失馬，焉知非福。好的事情看起來像好事，結果是壞事；壞的事情看起來像壞事，最後是好事。

剛開始遇見J時，她是二十歲出頭，歷經各種磨難之後，不知不覺已快要三十歲。我為她看診已經過了七個年頭，我和她之間培養出暢所欲言的默契。

「看來妳八字很重喔。」

「就是說嘛，我也是這麼想。我下個禮拜打算去算命。」

「不用算，就連算命師們也問我，如果得了癌症，他們還能活多久。有什麼想知道的？我不會收算命費，妳儘管問吧。」

「嗯……，醫生，請問我該繼續留在學校嗎？」

當對方已經下定決心的時候，沒有理由在對方問你意見時持反對立場。我只需要鼓勵她去做想做的事情並且做好，因為我的想法和她一樣。有時候很難區分「對方已經下定決心，問你只是想獲得你的支持」和「對方還沒有真正下定決心，想詢問你該怎麼處理」。如果無法區分這一點，提出問題的人和回答問題的人都會被彼此影響。你必須準確地理解對方問題背後隱藏的含意。J似乎已經下定了決心，而且任何人都能輕易看出來。

「醫生，請問我該繼續這份工作嗎？」

「算了吧，無論再怎麼快樂，人生還是很短暫的。妳不是在鬼門關前走了一回嗎？人生沒有什麼特別的，不是嗎？在被解僱之前，妳應該先很酷地丟出辭呈。『我不幹了，沒有你們我一樣過得很好』。去去去。」

「對吧？醫生您也是這麼想的對吧？」

她的臉上露出開朗的微笑。

「找找看其他工作吧。妳很有能力，能做的事情很多。」

我通常盡量不深入參與別人的生活，我對我的生活也沒有自信，又不是過得很完美，哪有資格對別人的人生指指點點瞎囉嗦。只是我認識Ｊ七年多了，對她有一定的了解，所以才能給她建議。我相信現在她最需要的是鼓勵、加油和支持。

「我也這麼想，所以老早就寫好辭呈了。」

「遞辭呈時記得拍照傳給我。」

那天Ｊ離開診療室的時候，笑得好燦爛。

至今她挺過了這麼艱難的路，想必也累積了人生經驗。我非常清楚知道，她的生命比以前變得更加堅強和深刻，也變得更加成熟。未來的生活中，她可能會遇到困難時刻，但我覺得Ｊ會憑藉這股力量，安然度過接下來的日子。我絕對相信她做得到。

附記：Ｊ辭職之後，她遇到真愛，在五月分結婚。僅此祝賀五月新娘。

殘酷的人生

一個陽光明媚的春日，我不得不向一位病患的配偶談起一些沉重的話題。現在病人即將離我們遠去，癌細胞已經擴散到無藥可治的地步。他是一名神經母細胞瘤病患，幾個月前，因為腦壓升高，我為他施行了緊急手術，得以度過危機，但化療沒有成效。我以為病患會有一線生機，但是並沒有。我對他的配偶說，隨著癌細胞增生，腦壓應該會再次升高，到了那時，我不會再讓病患接受手術，而是讓他舒服離開。我請她接受安寧緩和療護團隊提供的安寧療護諮商，這也是未來的方向。這是一個沉重的故事，與外面陽光明媚、櫻花盛開的春日氣息相去甚遠。身為緊急聯絡人的妻子不斷流淚。

當我正要離開病房時，房間角落裡一名看起來是國中生的男孩吸引了我的注意。雖然他努力表現得很平靜，但臉上寫滿了焦慮和悲傷。就在不久前，他還因看到父親接受緊急手術後，恢復生機的樣子而開心不已。我走近孩子問道：「你幾年級了？」

「……國中二年級。」

他的回應，讓我完全無法說出「會好的」或「加油」等客套話。聽到這個答案的那一刻，我在那個孩子身上看到了自己的童年。

當我讀國中二年級時，我的父親被診斷出患有肺癌。我父親接受了手術，但癌症復發，儘管進行了各種治療，他還是在我即將升高二之際過世了。我父親的過世是我人生中第一次遭受令人震驚的打擊。

父親去世後，有個我沒什麼印象的父親友人來找我，要求我還他「父親欠的債」，而我壓根不記得這件事。他說父親在世時，跟他借了一筆錢來做生意，但一直到過世前都沒有還，所以就來找我要。對他們來說，似乎生前的朋友是朋友，死後就不是了。他看起來似乎非要死咬著朋友的兒子不放，這樣就能從中拿到一些錢。即便如此，我還是打算去念醫學院。但由於家裡無力承擔，家人們紛紛反對，尤其母親極力勸我打消念頭。當我高中一畢業，我母親馬上就聲明她將不再給我經濟上的支持。

不過，為了完成我的志願，我只能選擇學費低廉的醫學院，因此決定去國立大學的醫學院。但由於我家在首爾，如果念南部的學校，住宿費是一筆額外的支出，所以不可行。唯一的選擇就是首爾大學醫學院，但以我的成績根本考不上。無論如何，最後我終於如願進入那所學校，簡直就是一個奇蹟（現在回想起來，我也不知道我是如何考上首爾大學醫學院的。光想就覺得這是一條命定的路，真是不可思議）。但我不能一味沉浸在考上的喜悅裡，不要說學費了，我手上連生活費都沒有，因此我非賺錢不可。

錢、錢、錢。

我拼了命接家教。我一邊上學，一邊接下兩、三堂一對一的家教，我感到疲憊。社團活動對我來說是奢侈，就算明天有考試，今天也得去家教賺錢。我交代我的學生們要記得複習，而我自己卻沒有時間念書，我感到非常沮喪，但也無可奈何。由於我沒有時間複習，所以我必須在課堂上盡可能集中注意力。我不太聰明，如果不記在筆記本上，我腦袋裡的東西很快就會忘光，所以我非常專心寫筆記。結束家教後，我從地鐵站走路回家時，當天寫的筆記我記了又忘，忘了又記，就這樣一直重複。

人生為何如此殘酷？每當我勉強好不容易湊出一點學費，我的某個親戚就會過來要錢。看來他們把小姪子的學費拿來當自己的生活費了，這就是他們的生活方式，而我當時並不知道世界上還有這樣的人。現在回想起來，我當初乖乖讓他們搶走我的錢真是愚蠢，我應該把賺來的錢保留下來，不讓親戚或任何人拿走。但當時我還小，什麼都不懂，沒有人教我如何生存在這個世界，或者如何對抗別人，使自己得以存活。不，也許什麼都不知道更好，如果我早知道的話，應該會無法承受吧。

當我因為學費不夠而考慮休學時，了解我情況的學生會副會長為我籌措了一筆獎學金。如果沒有他，我可能會比同學們晚一年畢業。親戚們全都折磨著我，但那些與我沒有血緣關係的人卻幫助了我很多。我從那些與我非親非故的人們身上了解到，世界並不都是骯髒和嚴酷的，世界上還是有溫暖（這是我在生活中努力不要忘記的事情之一）。

在沒有父親保護下獨自過活的我，就是這樣的感覺。下雨的時候，我必須淋雨，下雪的時候，我會被雪覆蓋。別人都過得很好，不會淋到雨，而我連抱怨為什麼只有我一個人淋雨的這種想法，都是奢侈。但是當遇到生存難關時，淋不淋雨就不再重要了。即使在淋雨的時候，你也要思考雨停後該怎麼辦，如何解決眼前的問題。我一直活在父親的保護下，在那個我不知道、也不需要知道世界是如何運作的年紀，等我回過神來，發現自己在毫無防備的狀態下被丟進了這個世界。這不是我的錯，但克服這些是我的責任。

那時候的我，為了不放棄自我而憑一己之力去面對，既感到孤單，也十分疲德。在什麼都不懂的情況下，我一路走了過來，但是假設當時有個大人給我一點點的建議也好，告訴我以後應該如何生活、該往什麼方向走，只要曾經出現過那樣的人的話，我是否可以過得不那麼辛苦？是否可能不那麼孤單呢？

一定就是這個原因，我才無法忽略眼前這名十五歲的少年。也許和我的經歷不盡相同，但是一家之主的缺席對於一個國中生來說，絕對是很大的考驗，而且我確定他的同齡朋友們並不會經歷他正在經歷的事。雖然可能有程度上的差異，但他會很快就意識到自己必須對自己的生活負責。

我靠近他，跟他聊了很多事。現在想想，我不太記得我說了什麼，以及怎麼說的，但我記得應該是我過去的故事。那些我想抹去、埋藏在心底的舊故事；隨著時間的流逝，我希望當時的我能早點知道我很晚才領悟的事、我希望曾有哪個大人能夠教導我的事。不過，這些對於年紀只有國二的少年來說是很難理解的。男孩還年輕，而我的故事屬於尚未發生的未來。

因為我心疼地預測，我的過去似乎將成為這個男孩的未來，但同時又希望我的過去只屬於我個人，這個孩子會過著與我不同的日子，這是一種很複雜的感覺。我希望生活的殘酷枷鎖不要再讓別人陷入困境，這似曾相識的感覺使我倍感煎熬。但幸好，因為殘酷的生命也是一種命，所以它會繼續不斷滾動下去。我的情況也是如此，回想起來，那看似無盡的束縛在某個時刻消失了。而現在當我觸摸傷疤時，它不再像當初那麼痛了。雖然我講了很多故事，但我唯一真正想告訴他的就是，一切都會過去。我對這個少年來說，只不過是一個全然陌生的人，但作為一個經歷過類似事件後，仍然能夠站在這裡的成年人，我真誠地希望眼前的這個男孩能夠順利克服一切，不再感到孤單。

孩子的鞋

我曾經聽過一位兒科醫生講過一個故事，內容是有關一位患有白血病的兒科病人和他的母親（即緊急聯絡人）。當時情況是所有治療均無效，醫護人員也無計可施，孩子只能等待死亡。一天早上，當護理師走進病房幫孩子量血壓時，這名母親正把孩子抱在懷裡。但是當護理師一看到孩子，馬上察覺到孩子已經停止了呼吸。孩子的臉已經變得鐵青，看來當他停止呼吸時，應該已是破曉時分。然而孩子的母親卻抱著死去的孩子，一動也不動。如此看來，她緊緊抱著孩子徹夜未眠，沒有告訴任何人，是因為擔心如果通報孩子死亡，醫護人員會把孩子的屍體帶走。護理師後來形容，他們母子彼此分享最後的體溫，那景象就像聖母瑪利亞擁抱襁褓中的耶穌。孩子的母親後來透露，前一天晚上孩子發燒了，呼吸也越來越困難，孩子最後說的一句話是：「媽媽……。」過了幾個小時後，孩子就慢慢終止了呼吸。

這位母親違反醫院規定，沒有通報孩子的死亡，但沒有任何人斥責她。負責開死亡證明書的醫生也只是大概寫下了孩子的死亡時間。想要盡可能再抱著孩子久一點的母親，過了一段時間後，將孩子的屍體送到了太平間。接手孩子的醫護人員表示，直到天亮，孩子的身體都還是暖呼呼的。

白髮人送黑髮人，是為人父母再怎麼樣都無法承受的事。這種事情在癌症醫院並不罕見。一般提到癌症病患時，很容易聯想到中年或老年病患，但實際上，癌症不會挑年齡。當然也有很多年輕的癌症病患，這當中的病患因為無法根治而過世的情況並不少見，孩子們的父母最終必須面對目送孩子離開人世的痛苦。

在講述世越號罹難者家屬故事的《星期五請回家》（금요일엔 돌아오렴）一書中，有一個關於死去孩子的鞋子的故事。

在我四十九歲生日的時候，一位和尚說我必須把我孩子的所有照片都扔掉，這樣我的孩子才能去一個好地方。（……）所以我把照片全部處理掉，還把孩子認真念書時寫下的筆記全都裝進包包裡燒掉。（……）他本來就沒有多少雙鞋子，都帶走了不在家裡，於是我買了一雙新鞋燒給他。到底我為什麼過得這麼慘……。

——摘自《星期五請回家》

在這本書中，孩子的母親很傷心地訴說著，不知道自己為什麼過得這麼悲慘。當我讀到這位母親為她死去的孩子買新鞋的故事時，我難過得再也無法翻頁。這讓我想起另一位母親，她是一名年輕癌症病患的緊急聯絡人。

當時病患是二十歲出頭。雖然他因淋巴瘤接受了多次化療，但又多次復發，治療不再有效，最終去世。這位失去年輕孩子的母親幫孩子做完四十九日祭祀之後，來到門診探望我。因為我已不是治療她孩子的醫生，她也不再是「緊急聯絡人」的身分，所以其實不需要來找我。但我似乎能了解原因。孩子進進出出醫院的那些年，過世前住過的地方，並不是什麼美好的回憶。但也許正是因為這裡是她和孩子一起度過最後時光的地方，醫院各個角落都留有他們的足跡。當時身為主治醫生的我，陪伴他們度過。這位母親不過是順著足跡找到了我。

她坐在我面前哭了很久並對我說，如果早知道會變成這樣，她會對孩子更好一點，也應該多嘗試幾次化療。她說懷孕的時候有服用藥物，就是因為這樣才會害孩子生病。她的哭聲夾雜著遺憾和悲傷。她說自己是一個各方面都不稱職的母親，苦了她的孩子。後來她提起了幫孩子進行四十九日祭祀的事。

她在常去的寺廟裡為孩子舉行了四十九日祭祀。孩子生病的那段時間，她懇切地祈禱佛陀保佑孩子的病痊癒，但最後孩子是在沒有回應她祈禱的佛陀面前進行了祭祀。祭祀結束後，和尚吩咐她把孩子的物品燒掉，送他前往九泉之下。於是她將自己為孩子整理的物品一一燒掉了，包括孩子喜歡的衣服、遊戲機、讀過的書，統統放入火堆裡點燃。她擔心孩子視力不好，前往九泉的路上會迷路，因此把孩子的眼鏡也丟進火堆裡，又擔心他半路上肚子餓，於是將孩子愛吃的炸雞也一併燒掉了。母親希望孩子在九泉之下能夠衣食無缺，所以將孩子喜歡的東西和他可能會喜歡的東西全部都一起燒了。

不過，有一樣東西是不能燒掉的，就是孩子在醫院穿過的拖鞋。由於孩子已經在病床上與病魔抗爭多年，生前幾個月都住在醫院，孩子根本沒有一雙像樣的鞋子。和大多數長期住院的病人一樣，住院期間除了拖鞋之外，沒有其他東西能用得上。她的孩子在醫院裡穿了幾個月的舊拖鞋，最終成了孩子的最後一雙鞋。當她打算燒掉那雙破舊不堪的拖鞋時，擔心孩子在往九泉的路上雙腳不夠保暖，結果沒辦法燒掉那雙鞋。

母親說，那天她因為沒有燒掉鞋子而感到非常不安，幾天後她就幫孩子買了新鞋，那是孩子在世時她捨不得買的昂貴名牌鞋。於是她抱著舊拖鞋，一邊將新鞋燒掉，哭了好久好久。

那時我懂了，最重要的並不是丟掉過世孩子的鞋，而是為他買新鞋。正是如此，她們才能把孩子深深埋在心底。也許書中的母親，以及我眼前的這位母親，每年到了冬季，都會為孩子購買一雙保暖的新鞋燒給他吧？到了炎熱的夏季，也會給孩子買些涼爽的夏裝燒給他吧？不對，不是只有她們，對於大多數失去年輕孩子的父母們來說，都會這麼做。

一如往常準備公務員考試

「今年什麼時候考試？」

「還剩兩個月的時間。」

B正在準備公務人員考試。六年前，當我第一次見到B時，B患有睪丸癌，並已擴散到肺部。他在剛退伍時，感覺睪丸有腫塊，於是去醫院檢查。經過一番檢查，他被診斷出患有睪丸癌，立即接受了睪丸切除術。突然間成了癌症病患，令他措手不及。幸運的是，化療對於這種癌症的治療效果良好，即使它已經轉移到其他地方，也有機會透過積極的化療完全治癒。

然而化療過程是非常痛苦的。他的頭髮全部掉光，接受化療注射時一直嘔吐不止。由於胃是空的，沒有吃任何東西，他以為只是乾嘔而已，但還是不斷吐出東西來。只要嘔吐一停止，就開始腹瀉，結果他一整晚都抱著馬桶，拉完又吐、吐完又拉。光是聞到食物或消毒劑的味道就讓他感到噁心，然而止吐藥沒有效果，他每天都很痛苦，就連尿液裡也參雜了抗癌藥的味道。他過著一邊拉肚子，一邊稀哩嘩啦嘔吐不止的日子。因為實在忍耐不下去了，這名二十多歲的堅強青年哭著哀求停止化療。我和他的母親也無能為力，唯一能做的只有安慰他再忍一下。每次查房，這位年輕人便哭著要求停止化療，結果只能在醫生和他媽媽的堅持下，折騰不已。

即使痛得快死掉了，但為了跟時間賽跑，無論如何都值得一試。在不斷「再忍一下」的同時，也按照預定完成了第四次化療。時間可以解決很多事情。幸運的是，最後一次正子電腦斷層掃描（positron emission tomography/computed tomography，簡稱PET／CT，可準確確定癌細胞的位置和活動量）證實，所有肺轉移腫瘤已經消失，這意味著所有的癌細胞都消失了。

他復學之後，回到了正常的生活。然而，癌症消失的喜悅是短暫的，因為沒有人能教導一個戰勝癌症的二十歲出頭年輕人如何繼續生活。雖然不是最負盛名的大學之一，但B以不錯的成績從首爾一所四年制大學畢業。畢業的同時，等待著他的是「待業青年」的標籤。他成了無業遊民，但他並不孤單，因為其他大多數的朋友們都和他一樣。

戰勝癌症的自信，以及克服痛苦的化療經驗，在冰冷的現實面前毫無用處。那是一個連身體健康的年輕人都找不到工作的時代。從公司的角度來看，沒有理由雇用一個被貼上癌症病患標籤的人，無論這個人多年輕。如果你謊報自己健康方面的問題並找到了工作，後來被發現，你將被迫辭職。可以讓一個曾患有癌症的二十多歲年輕人穩定就業的體面工作，並不怎麼多。

即使找到了工作，也難以期待未來順遂。吃飯、謀生都可以解決，但談戀愛、結婚怎麼辦？會有人真正愛一個只有一顆睪丸的癌症病人嗎？如果結婚了，你伴侶的家人們會對你滿意嗎？如果婚後癌症復發了怎麼辦？如果出了什麼問題，女兒有可能就會變成寡婦，但什麼樣的家庭能夠接受呢？健康的人很多，但我的女婿偏偏是癌症病患。已經可以預知阻礙重重。

最終，B選擇當九級公務員。雖然必須面對百中取一的競爭率，但好處是凡是六十歲以下的人都可以參加普通公務員考試，最重要的一點是能獲得退休金的保障。這也是少數允許請病假的工作之一。於是B開始準備考公務員。我不知道結果如何，但從心理和社會層面來說，做點什麼比什麼都不做更好，因為至少他能具備一個求職者的身分。

每次B來回診，我都替他感到難過。他的檢查結果都沒問題，但我的心情就是五味雜陳。我都這樣了，他的心裡應該更不好過。

我遇到的年輕病患們在戰勝癌症後，各自有不同的生活方式。我有一名病患戰勝死亡的危機，走上了牧師的道路；另一名病患在海外的一家公司找到了工作。有的人很幸運繼承了父親的事業，也有的人開始計畫自行創業當自營商。這些人們大多數可以獲得父母的支持。然而，更多的情況是病癒之後的人們仍處於失業或求職狀態。他們實際上所面臨的現實狀況比想像中的更殘酷。為了求職，我在他們的診斷書上寫著癌症已完全治癒，沒有任何問題。即便如此，我還是常常遇到人們回到門診來找我再開一份新的診斷書。由此看來，就業門檻依然很高。

身為一名醫生的我可以這麼說，他們只是得過癌症罷了，況且那些年輕人們的要求也不多。生活過得平不平凡都沒關係，只要能夠憑一己之力謀生就好。不幸的是，因為曾經是癌症病患，所以即使只想找份謀生的工作，也會面臨種種不公平的、難以跨越的門檻。這個社會是否無法為年輕的癌症倖存者提供最基本的支持，讓他們能去追逐夢想和希望？只要努力找就對了、公務員就是最好的，這種說法不是太不負責任了嗎？有時我也感到遺憾，因為我對我的年輕病患們康復後的生活無能為力，況且我在成為醫生之前，作為成年人的我也沒有為這個社會的年輕人提供任何建議。難道除了絕望之外，我們的社會無法向這些好不容易存活下來的年輕人們提供一絲希望嗎？

癌症倖存者人數已超過一百六十萬人，其中許多都是年輕人。

養樂多先生

「醫生！您好。」

有名病患每三個月來一次門診，他的工作是賣養樂多。每次門診的時候他總是隨身帶來兩瓶。

「你今天又帶了養樂多來？我說過不要再送了。」

「唉唷，真是的，我又不是買的，我是在路上撿到的。來來來，喝吧喝吧，這瓶給護理師。趕快喝，你們不喝我就不走，哈哈哈。」

「謝謝你。從上次門診到現在，一切還好嗎？」

「是的，我的狀態是滿分。每個人都說我哪裡像是肺癌病人。現在不管我去到哪裡，都是歡樂製造機。」

「太好了！檢查結果也一切都好。」

「真的嗎？真是好消息，謝謝醫生。不過，醫生拜託您平常也笑一笑嘛。如果您老是看起來這麼嚴肅，病人們會害怕。就像現在這樣，我喜歡您的微笑。（……）糟糕，我今天話又太多了。還有好多病人在等，我就不打擾您了。請您開給我和上次一樣的藥，您今天也辛苦了喔！」

當他來訪時，診間的氣氛頓時變得活潑起來，我的心情也跟著好多了。他的出現都讓我覺得充滿了活力，彷彿他的養樂多裡摻了維他命一樣。身為肺癌病患的他目前正在服用口服標靶抗癌藥，完全沒有出現副作用，效果非常好，所以我為他看診一點都不覺得有壓力。

「極端長期生存者」（extreme long term survivor）指的是有些人儘管罹患癌症，但壽命卻非常長。這些人沒有住院，因為他們的情況良好。在我還是住院實習生的時期，主要是在病房照顧病人，所以我通常只看到情況很差的病人，我不知道還有狀況良好的病患。然而，當我成為主治醫生並在門診看診好幾年之後，我偶爾會遇到這些極端長期生存者，但為數不多。

很難用教科書上的常識來解釋這些現象。雖然我不知道為什麼有極端長期生存者，但我很榮幸，似乎是因為我的良好治療，病患得以存活很長的時間。當我看到病人過著正常的生活時，我很有成就感。我感到謙卑，領悟到教科書有時可能會出錯。我也會反思自己是不是誤診，例如結核病，它不是癌症，而是一種良性炎症，我們是否可能將其誤認為癌症。我也遇過這樣的情況，明明病患的癌症預後狀況很不樂觀，終究會停止呼吸。奇怪的是那名病患的狀況非常不錯，於是我查閱了他以前的病歷。但病理組織切片明明顯示有癌細胞，絕對是癌症無誤，癌細胞已經移轉到各處也是事實。

這些病患有一個共同點，他們都是正向思考的人，至少我見過的所有極端長期生存者都是這樣。當然，以醫生的立場來看，無法斷言積極傾向是長壽的祕訣。醫生既是科學家也是研究員，所以如果從醫學上的觀點解釋這種情況，應該會說「ＥＧＦＲ基因的exon 19有微小缺失（microdeletion）、PD-L1表現量（expression）偏低，因此使用ＥＧＦＲ酪胺酸激酶抑制劑（tyrosine kinase inhibitor）時，疾病無惡化存活期（progression-free survival）很長，再加上增加腫瘤特異性記憶Ｔ細胞（tumor specific memory T cell portion），所以可以實現極端的長期存活」。然而，任何研究人員都很難完全用科學去解釋世界上所發生的一切，有時候單純憑直覺去解釋一種直觀現象更貼切。所以我認為長壽的祕訣就是「始終如一的正面性」。

這些病患們無論在什麼情況下，總是非常開朗。治療過程明明時好時壞，並不是一帆風順，但他們全身上下充滿了積極、感恩、美好的能量。只要看著他們，我的心情就會好起來。

「如果沒有醫生您，我早就死了。我還可以靠養老金生活，真的很感恩。既然如此，我應該更享受生命不是嗎？」

他們也非常善於照顧自己。

「醫生，我每天運動一小時，一天三餐準時吃飯，一滴酒都不喝。我和太太處得很好，每天都準時服用抗癌藥。我在手機上設定了鬧鐘，時間到了就馬上吃藥，分秒不差。我太太對我說，我不是癌症病患，根本是裝病，在裝病，哈哈。」

這名養樂多先生也是一樣，抗癌過程中也遇過一些危機。有時是癌症復發，有時是病情惡化，或者不得不開刀的情況。每當發生這種事，他應該會對結果很擔心，但他每次都出奇淡然，令我驚訝。有一次，他因為對化療產生抗藥性而必須接受手術時，我問他的意願如何。當時他是這麼說的：

「如果情況變得更糟，我也束手無策不是嗎？即使如此，我覺得我已經過得很好了。我沒有做過壞事，沒有做過任何會被指責的事情，沒有欺負過別人，而且我把我的孩子拉拔長大。雖然有點捨不得，但我已經不枉此生了，即使我明天死了，我也沒有遺憾。我只要盡可能多接受治療，享受生活，到了該離開的時候就離開。」

大多數人總是把正面思考當作一種條件，比如說，如果你想找到一份好工作，就要積極思考；如果你想變得富有，也要積極思考。當然，正向的思考很重要，開朗積極的心態比對一切都持消極的態度對生活更有幫助。對於病患來說，保持樂觀比僅僅因為患有癌症而感到沮喪要好得多。因為如此一來，無論癌症多麼嚴重，你都不會失去希望、耐心和勇氣，並且會養成積極的生活態度。

然而，我指的不是對於結果抱持樂觀，而是在過程中擁有正面的心態，無論遇到什麼困難，相信自己都能克服。你的信念本身必須是正面的，如果誤解了這一點，往往會對結果期望過高，最後大失所望，又或者會變成是有條件的樂觀——如果保證有好的結果，才會認真接受治療。

每次看到養樂多先生，我就意識到真正的正向態度不是一個結果，而是一點一滴、慢慢滲透的過程。我認為這取決於我們每天的生活態度。我現在仍然持續從養樂多先生那裡學習什麼是真正的積極。

癌末病患的婚姻

「醫生，我要結婚了。」

聽到她的話，我呆了半晌。當你聽到有人要結婚的消息時，很自然會恭喜對方，但是我做不到。當一對相愛的男女相遇，承諾無論遇到什麼困難都會彼此陪伴，成為一輩子的夫妻，祝他們白頭偕老、幸福快樂是理所當然的。人生有多少像這樣值得慶賀的時刻呢？然而，如果新娘是癌症末期病患，卵巢癌細胞已轉移至肺部並正在接受化療，預期壽命不會超過一年，這樣的情況下，你還能給予他們祝福嗎？

我很不知所措。「恭喜妳要結婚了」這幾個字我說不出口。個性格外開朗的她，是不是誤解化療能夠讓她痊癒，而不是只能延長壽命？她該不會認為再進行幾次化療就可以完全治癒吧？她有沒有告訴未婚夫的家人自己的身體狀況？她得到對方父母的同意了嗎？各種現實問題浮現在我的腦海中。我猶豫了好一會兒，小心翼翼說出這句話：

「我想問……妳的未婚夫和他的家人們對妳的身體狀況了解嗎？」

「是的，當然。他們都知道我得了癌症，並且正在接受化療。」

「妳應該也很清楚自己的身體情況吧？目前的治療並不能讓妳痊癒。」

「我知道。」

她微笑著，用她特有的開朗聲音愉快地回答。即使我知道她的個性樂觀，但這回答也太簡短了，我聽了很為她擔心。「妳是說他們都知道了還答應你們結婚嗎？」我很慶幸沒有從嘴裡說出這句話。

事實上，我對於年輕癌症病患們的婚姻有太多不好的回憶。最常見的狀況是，在婚禮前由於被診斷出罹患癌症而解除婚約，或者即使癌症是可以根治的，也遭受同樣的情況。曾有過這樣的例子，準新郎在婚禮前兩週接受了癌症手術，不過他隱瞞事實，堅持舉行婚禮，結果遭到新娘的父親毆打。有的情況是，丈人得知女婿正在接受化療後，在病房裡大吵大鬧。或者即使兩人結婚了，沒過多久就離婚的例子也不少。現實就是，只要是有癌症病史的人，婚約很容易告吹。更何況當一個面臨人生盡頭的癌末病患說自己要結婚時，我怎麼能不擔心……。

在對抗癌症的同時，是否有可能擁有美好的婚姻？婚姻生活本來就是困難的，看似可以持續一輩子的愛，經過了幾年的時間，就可能變成了恨。談戀愛的時期也許是浪漫的，但婚姻生活是現實的，甚至更近似冷酷無情。就算愛情已經冷卻，但只要錢還在，即使分手了，雙方還是會為了錢吵架，兩家人彼此互咬不放。以愛情開始的婚姻，在激烈的爭吵過後，往往以仇恨告終。一段婚姻從美好的幻想到破滅，不需要太久。

即使兩個健康的人結婚，這種情況也很常見，更何況是來日不多的人，結婚真的沒關係嗎？作為主治醫生的我心裡五味雜陳，但她的確結婚了，而且也有登記。

她的先生是一名衝浪教練，她在被診斷出罹癌之後列出的願望清單之一就是衝浪。她說其實他們是在學衝浪的過程中相識，然後開始談起戀愛。兩個人都很認真，不認為是萍水相逢的短暫關係，於是他們決定把握這突如其來的愛情，而不是逃避。因為她喜歡大海和衝浪，聽說他們的新房就按照她的意願選在江陵附近。

結婚後，她沒有和母親來門診，而是和先生一起來，那是我第一次見到她的先生。她的丈夫看起來很可靠，我似乎多少可以理解她為什麼想結婚。看來他們在江陵的海邊過著很幸福的日子。但這種幸福並沒有持續太久。

有一天她來找我，說她頭很痛。這是不祥的預兆，當我看到腦部磁振造影的結果之後更加沮喪。該來的終於來了，這是腦膜轉移。化療對腦膜轉移沒有任何效果，也無藥可醫。當癌細胞往上進入腦膜時，會出現頭痛、腦壓升高、嘔吐的情況，有時意識會變得模糊，而且通常會持續幾個月。正當她享受眼前的幸福時，癌細胞已經惡化，進一步入侵腦膜。

她的先生無微不至地照顧她，但由於治療效果並不好，她的病情一天天惡化。最後甚至已經沒有體力來醫院，於是去了江陵的一家安寧療護醫院。他們兩人的故事最終沒有停留在「從此過著幸福快樂的生活」。但無論如何，她生命的最後半年是和心愛的人一起幸福度過。雖然沒能「天長地久」，但至少「一直到臨死前都很幸福」，我決定將它視為是一個美好的結局。

有一天，我跟某人講述了這兩人的故事。聽完故事後，對方問我是否可以這樣去愛，即使結局已經注定。然而，當他反問自己，在明知悲傷結局的情況下，是否還能為愛情義無反顧時，他卻回答不出來。相愛的時候，沒有人會預想結局是痛苦的。白頭偕老的承諾，不只是表面上的決心，更是一種可能，因為它承載著對美好結局的希望。她的選擇讓我思考很多。

另一方面，我很羨慕。當我聽到她結婚的消息時，我沒有立即祝賀她，而是開始以邏輯思考她的選擇是對還是錯。可以確定的是，儘管他們知道結局，但他們還是相愛、結婚，並竭盡全力愛著對方，直到最後。

難道我們在相愛的時候沒有盡力而為，是因為我們在愛情開始之後沒有設想到結局嗎？難道我們不能盡我們最大的能力去愛，是因為大多數人感覺不到時間的有限嗎？「勿忘人終逝」（Memento Mori）的意思是活著的時候要記住人終有一死，也許這句話指的不只是生活，也是愛情的必要條件吧？如果我們在生活中偶爾想起這句話，難道不會像這兩人一樣，在剩餘的日子裡竭盡全力相愛嗎？

我的命不屬於我

二十六年前，我的父親在正值知天命的年紀過世了，享年五十歲。他罹患的是肺癌，在與病魔抗爭的過程中，他經歷了反覆的住院、治療、手術、護理、再次入院，最後結束了痛苦不堪的生命。如今，肺癌的化療方法有很多種，但當時藥物很少，也沒有任何治療方法。最終在手術兩年後，父親的癌症復發，沒能得到任何像樣的治療就過世了。我現在看到與父親年齡相仿的病人們時，有時會想起父親與病魔抗爭的那段時光，其中有一段特別的回憶至今我仍無法忘記。

我當時是高中一年級學生，我的父親因為手術後癌症復發而經常進出醫院。我記得主治醫生是我父親的高中同學，他告訴我父親，作為一名醫生他已經無能為力了，所以我父親應該在家吃點好吃的、保重身體。但就在那時候，我母親帶了一個陌生的女人來家裡。這名女士身穿色彩繽紛的韓服，紋著深色眉毛，就像電視裡看到的巫師一樣。色彩繽紛的衣服和濃密的眉毛激發了我的好奇心，我跟著她們兩人朝父親的主臥室走去。我輕輕打開門縫，往裡面看了一眼。

這位女士坐在臥床的父親身旁，開始為他把脈。她把脈了很長一段時間，表情嚴肅，彷彿在進行某個神聖的儀式，還一邊咒罵著不在場的主治醫生，說父親明明就沒有癌症，怎麼能無緣無故切除他健康的肺。罵完之後，她又開始把脈，說父親現在肝腎問題比較嚴重，強調必須用艾灸幫他治療肝臟。我的父母都是大學畢業，該有的常識也都有，但是他們聽到這些荒唐的話卻一句話也沒說。看在我這個高中生眼裡，真的很無言。父親一言不發默許了女人，女人立即將艾灸放在我父親的肚子上，開始點火。沒幾分鐘，屋子裡就充滿了艾草的味道。

就在那時，在門縫邊偷看的我，突然和望向門口的父親四目相對。我父親露出肚子躺在那裡，對我咧嘴一笑，並用手指比了一個勝利的V字形手勢。那一刻，我忍不住笑了起來。一個穿著奇特的女人、把雪白肚皮暴露在外的父親、肚皮上無聲燃燒的艾灸、空氣中飄著艾草的味道……。這情景極陌生又奇妙，但父親的笑容和勝利的V字形手勢讓我回過神來。那一刻的笑聲也算是一種解脫吧？然而，當那名女子聽到笑聲轉過身來盯著我看時，我感到十分害怕，趕緊關上房間的門，跑回自己的房間。

那段時間，父親經歷了非常痛苦的日子。他說因為不想在孩子面前顯得軟弱，刻意隱瞞自己得了肺癌的事實。那個在任何情況下都從不表現出痛苦的父親、那個無比堅強的一家之主，在經歷了如此痛苦又艱難的日子後顯露出的脆弱無力，至今我還歷歷在目。那時我還是個留著光頭的高中生，父親要我坐下來，他說他好痛苦，同時流下淚來。那時候人們認為病人的痛苦呻吟是很正常的事，就算是癌症病患也一樣，不開給病患足夠的止痛藥也是醫學界的慣例。最終，父親只能獨自承受所有的痛苦。

然而，當我回想起當時的父親，將艾灸放在肚子上微笑擺出V字形手勢的情景，比起他因癌症痛苦不堪的樣子，對我來說更加栩栩如生。事實上，女人的治療沒有任何意義和效果，但卻清楚表達了一件事，就是我父親竭盡全力與癌症奮鬥。

現在我成為了一名醫生，遇到了像父親一樣的癌症病患，想起當年的父親，我感到悲傷和心碎。因為我現在更懂得了承受痛苦是多麼艱難，以及面對死亡是什麼感覺。而且，我能猜想出他是在什麼心情下，微笑著對兒子比出V字形手勢，這一切一切都讓我感到難過。另一方面，當我感到疲累、幾近崩潰的時候，若我想起那時的父親，我的心裡便莫名升起一股不知名的力量。難道父親早就預料到了嗎？那一刻的微笑、那個手勢，將為兒子帶來一生的力量。

在用不同表情和不同言語填滿為時不多的來日的人們中，我時常想起那天的父親。有時候，我突然覺得人的生命不只是屬於自己。你今天對抗癌症的方式可能成為明日家人們生活的力量。即使現在不被了解，總有一天你的家人們會明白你當時的想法。就像過了這麼久之後，我才能更理解我的父親一樣，我認為我們是超越時間和空間彼此聯繫在一起的。雖然人的生命有限，總有一天我們不得不離開這個世界，但如果我們記住這個事實，剩下的日子也許就可以過得不一樣吧？我時常想，這個問題可能就是癌症這種疾病給我們的功課。

Chapter 3

醫生的分內事

#

……當你意識到看似無限延續的生命是有限的、寶貴的時間已經不多時，你對生命的看法和價值觀就會明顯改變。對於癌症病患來說，這意味著他們可以比其他人更有意義地度過每一天，而不僅僅是重複他們的日常生活。在觀察過罹癌的無數病患之後，我確實看過這種改變的例子。因此，我知道病患們和他們的家人們經常會感到震驚和心碎，也預料到這股怨恨會轉嫁到我身上，儘管如此，我還是盡力傳達真相。我相信，這對病人和身為醫生的我來說，都是最好的選擇。

星與星的關係——六百比一的關係

他是一位觀星者。他說，身為天文學家的工作就是觀察星星，但這是一份不起眼的工作。他的主要工作是數星星、尋找新星星並測量它們的距離。他也告訴我其他許多的事情，但因為我的科學知識有限，很難全部理解。有一天他問我：

「醫生，您下午門診看到幾點？」

「我會看到晚上。如果七點可以看完，通常算早了。你為什麼問我這個？」

「我在等待的時候，看到一個小時內就有大約十名病人來你的門診。網站上寫的門診時間是週一、三、五，但上次的上午診好像是看到下午兩、三點。如果您下午診都到七點結束的話……，您每週門診時間大約二十小時來看的話……，那麼您每個禮拜要看二百名病人，如果說這些人大約每三週來一次，那您每月看診的病患總數大概是六百名對嗎？」

作為一個以數星星為業的人，他對病人的數量的確很有概念。雖然實際來門診的病人超過六百人，但他的計算方法還算是相當準確。他又問：

「您能記住全部六百個病人嗎？」

意想不到的問題還在繼續，我感覺有點招架不住。我想要找個話題搪塞過去，所以我笑了笑，像開玩笑似地反問他：

「那請問，你還記得所有星星的名字嗎？」

我以為如果我問他這個問題，他只會一笑置之，但不知怎的，他最終說出了他真正想表達的話：

「我是這六百人中的其中一員。」

我既沒有承認，也沒有否認。

「對醫生來說，我可能是六百人中的一員，但對我來說，您是我唯一的醫生。」

這才是他真正想表達的事。他統計了每一小時的病患數量，估算自己在其中所佔的比例，然後彷彿像告白一樣說：「對我來說，你是唯一。」我突然很想脫掉醫生袍，找個地洞鑽進去。

我不是什麼偉大的人，我也沒有抱持崇高的犧牲精神或強烈的職業道德去扮演「醫生」的角色。我只是一個普通的上班族，選擇這份工作是為了謀生。換句話說，我不配成為某一個人，甚至六百個人的「唯一的人」。

然而「六百人中的其中一員」這句話卻深深地印在我的腦海裡。「六百人中的其中一員」和「唯一」，想必就是他對醫生與病人之間差距的感受。面對癌症這個生死攸關的疾病，他想要找到一個依靠。而對他來說，只因為我穿著一件醫生袍，就成為他不可或缺的存在。他可能覺得我是一個擁有六百名信徒的邪教教主吧。這一天，他讓我領悟了「六百比一的不平衡」和「六百比一的差距」。

在每一種關係中，都有距離和界線。當人們建立關係時，他們會找到適當的界線和彼此舒適的距離。適當的程度是由兩個人關係的深度來決定的，而關係的深度是由許多因素決定——見面頻率、情感交流、共同目標和興趣、彼此的理解程度、親密度、性格傾向、心理距離、物理距離等。但此時，你所認為的適當距離可能與對方所設想的不同。

病人和醫生之間也有適當的距離。通常，醫生所認為的距離比病患認為的距離更遠，即使可能沒有六百倍這麼多。事實上，醫生別無選擇，只能在固定時間內看很多病人。不可能像電視劇裡的醫生一樣，關注所有的病人，或者了解每個人的處境並體貼他們，這種情景幾乎是一種幻想。如果你必須在有限時間內幫固定人數的病患看診的話，你最終會以機械式、習慣性的方式對待他們。而且你往往不會特別關注每名病患的任何情況，因此病患多少感到失望。雖然病患理智上明白這位醫生不可能只照顧我一個人，但心理上還是忍不住感到失落，於是透過算出六百比一的數字來表達。

儘管如此，人們還是希望有一位像家人一樣溫情對待他們的醫生。是否是因為這樣，醫院官網通常會有這樣的標語：「我們像對待家人一樣對待所有病患。」醫生有時也會在醫院網站的自我介紹中寫下這句標語。然而，實際上我面對的現實是，「視病如親的醫生」是不可能的。我從各個途徑了解其他醫生們如何對待他們的病人，既然他們不像對待病人那樣對待他們的家人，當然也不會像家人一樣對待他們的病患。簡單來說，理想和現實是不同的。

我不擅長照顧病人，也沒有宏大的診治理念。我在醫院介紹醫師陣容的網頁中還沒填上可以描述自己的字詞。我不能使用「理解病人」或「親切對待病人」之類的字眼，因為很不貼切。我深知我不是那樣的人，也沒有能力當那樣的人。唯一誠實的描述是，「我下班前會盡完我分內的工作，不犯大錯、不惡劣對待病人，問心無愧」。老實說，在短暫的門診時間內，我無法回答病患所有的問題，加上我講話比較直接，所以我原本想寫上，請各位不要抱有太大的期望。但我認為如果我這樣做，院方會不悅，因此我乾脆什麼都不寫。總之幸好我至少沒有寫下，對待所有病人就像對待家人一樣的謊言。

像對待家人一樣對待病人的醫生，在現實中是不可能存在的。原因很簡單，這是因為病患並不是醫生的家人。有些人從一開始就明白這一點，於是將醫生當成女婿或兒媳看待，試圖讓醫生成為真正的家人；也有些人認為這實際上對醫病雙方來說不是件壞事，付出了高額的代價之後，成為那個家庭的成員。然而我再一次強調，常見的「視病如親」這句話只是一個幻想。實際上，最好放棄這種期望。

事實上，如果一個醫生把所有病人當作家人對待，絕對難以承受。家中有一名家人生病或去世，其他家人們便會悲慟不已，如果一個家庭有六百名成員，全都生病或因病去世，那剩下的人該怎麼辦？必定會發瘋吧？如果一名醫生像對待父母或孩子一樣，將全部的心思和心血傾注在每位病人身上，他絕對會痛苦不堪。因此，醫生為了保護自己才會特意與病患保持適當的距離。這也是人們所希望的「視病如親的醫生」，無法存在於現實中的另一個原因。

於是，每個人都有自己無法傾訴的事情，由於這些情況，人與人之間形成了適當的距離。無論滿意與否，我所認為的適當距離並不總是和別人認為的一樣。總而言之，他那句「對醫生來說，我可能是六百人中的一員，但對我來說，您是我唯一的醫生」的話，讓我重新思考了不曾深思的人與人之間的距離，以及病人和醫生之間的距離。

曾經數著星星的他，在二〇一九年四月成為了夜空中的一顆星。每當我望著夜空中的星星，我感覺此刻的我，似乎從六百比一的關係，變成了一對一的關係。我遠遠地望著，但感覺並不那麼遙遠。

理解某人

「醫生，您上次給我的抗癌藥物是VP-16嗎？」

當我從病患口中聽到「VP-16」這個詞的時候，我深感驚訝。VP-16是抗癌藥物「依托泊苷」（Etoposide）的舊稱。依托泊苷大約三十年前首次引進韓國，在當時是一種偉大的尖端抗癌藥物。如今還記得這種藥物的六十幾歲醫生們，在這種藥物上市的初期，經常使用舊名稱VP-16稱呼它。然而現今已經沒有人再稱呼依托泊苷為VP-16，它已經成為一種老式的、強效的抗癌藥物代名詞。對於現代的醫生來說，這個藥物的名稱如同是「昌慶苑」或「中央廳」等更接近歷史上的名詞。甚至有許多年輕醫生們不知道VP-16是什麼。然而令人驚訝的是，這位正在接受化療的病患提到了這個名稱。

「對，沒錯。你上次打的抗癌藥是VP-16，一種叫依托泊苷的藥物。但現在沒有人叫它VP-16了。你是怎麼知道的呢？」

「大約三十年前，我的小兒子因急性白血病去世了。當時我兒子白血病復發化療的時候，醫生開給他的藥物就是VP-16。兒子在接受注射之後痛苦不已……，我對VP-16記憶猶新，結果我居然也注射了一樣的藥……。打完針之後我哭了很久很久。」

他說，小兒子的白血病本來以為痊癒了，結果卻復發，讓他束手無策。由於沒有其他治療方法，醫生推薦了當時最新的抗癌藥物VP-16。這是最後的希望。然而，兒子因為VP-16的關係度過了一段非常痛苦的時光，這是可以理解的。細胞毒性抗癌藥物對成年人來說已經很難承受，更何況對當時只有十歲不到的孩子，是多麼劇烈強效的藥物。然而那個年代還沒有適當的止吐藥物或預防抗癌藥副作用的藥物。

兒子發了一頓脾氣，說他不想打針。爭論持續了好幾天，兒子拒絕了，父親堅持只有接受注射才能活下來。最後，看著兒子打完針後頭暈腦脹、嘔吐、不停哭鬧，父親心痛不已，但如果想救兒子，他別無選擇。兒子怨恨父親強迫他接受痛苦的治療，但父親相信這是拯救兒子的唯一方法。不幸的是，VP-16效果甚微，他的兒子最終去世了。約過了三十年後，這位父親被診斷出患有小細胞肺癌，並接受了和兒子一樣的VP-16針劑。

他說化療真的很痛苦。在自己親自注射過VP-16之後，他終於明白為什麼自己的小兒子當時那麼排斥它，既然打了也不會有用，非常後悔自己當初為何要強迫兒子接受這種藥物。

世界上有很多事情，唯有親身經歷過才能明白。當我還是醫學院學生時，一位內科教授曾經告訴我，他開給病人的每一種藥物他都親自嘗試。他告訴我，為病患開藥時需要清楚了解藥物的實際運作方式、功效、副作用等，為此需要努力研究，然而百試不如一嘗。

瀉藥、感冒藥、胃藥、止咳藥、抗生素等是我經常開的藥物，當我真正嘗試時卻超乎預期。當我吃瀉藥時，感覺胃脹痛；吃退燒藥時，我會流一點汗之後回復正常體溫。我從書上知道鐵質藥物會讓排便變黑，但如果我的大便真的變黑時，我會做何感想，在實際服用藥物之後才會知道。教科書或藥物指南中的說明文字是記在腦中，但是透過經歷所得到的知識是儲存在身體裡。當你親自體驗這些藥物時，你才能真正理解病患的感受。

然而，與癌症所有相關的治療是我無法親身體驗的。我曾經向一位病患建議，他應該改用另一種抗癌藥物，取代他目前所使用的藥物。我補充說道，新的抗癌藥物比現有的藥物更溫和，因此副作用更少。病人靜靜地聽我講完，然後問了我一個問題：

「您怎麼知道？醫生您從未接受過化療注射啊。」

他說的沒錯。我以前從來不曾接受過化療注射，所以我不知道新的抗癌藥物會多麼溫和，也不知道是否真的無痛。當然，那位病患並不是因為真的不知道才問我，而是認為身為一個沒有經歷過痛苦化療的醫生，不應該這麼輕描淡寫說出這樣的話。

我是一名腫瘤科醫生，負責治療癌症病患，但我本身從未得過癌症。除了化療帶來的副作用或極度疼痛之外，我沒有辦法百分之百準確理解病患身體的變化、周圍環境的變化、情緒的高低，以及內心的無數掙扎。至於病患本身的心情，我只能根據自己的所見所聞、間接經驗來猜測身為癌症病患的感受。

化療或止痛劑處方也是一樣的。雖然我是施打抗癌針的人，但我從來沒有接受過抗癌針。當然，我不可能親自接受抗癌針以體驗那是什麼感覺，以及會出現什麼副作用。癌症疼痛程度嚴重的病人離不開麻醉止痛藥，我也囑咐病患痛的時候不要忍耐，要毫不猶豫地服用麻醉止痛藥，但我從來沒有經歷過癌痛，也沒有服用過麻醉止痛藥。但是，如果我為了體驗病人的痛苦而將麻醉止痛藥注射到自己體內，我會立即因違反《麻醉藥品管制法》而被逮捕。說到底，我所認知的抗癌藥的副作用、癌痛、麻醉止痛藥的後遺症，無非是透過病人和書籍而獲得的間接經驗。然而，由於病人必須接受治療，從未患過癌症或接受過烈性抗癌藥物的醫生們大多會開給病人強效抗癌注射劑和麻醉止痛藥。不只是我，所有的腫瘤科醫生們都是類似的立場。

無論病人或醫生，實際上都無法完全理解別人。無非是「我根據我的經驗去猜測你的情況，你應該也會出現我所預測的狀況」。本質上你和我是不一樣的人，不可能會經歷完全一模一樣的體驗。

當我還是一個什麼都不懂的菜鳥醫生時，我以為我了解我的病人。然而時間一久，我發現這純粹是我自己的想像。這種誤解很容易導致一種傲慢的態度，那就是我認為不再需要嘗試去理解病患，因為我自認為了解他們，或者覺得我完全可以掌握他們在想什麼，不必再聆聽他們想說什麼。以至於門診時，我陷入了這種完全能夠掌握病患的錯覺。然而事實上，我非但不能理解，反而還忽略了病人的心聲。如果我能提早發現我的自以為是該有多好，但很可惜的是，我仍舊帶著這種自以為了解病患的心態過了很長一段時間。

活到現在這個年紀我多少才領悟到，世界上有些事情唯有親身經歷過才能明白。如今，我在治療過程中，無法忍受自己對病人說「我了解你的心情」。因為我現在很明白，世界上有些事情非要經歷過才能理解，而我並沒有和眼前的病人有過同樣的經歷，所以無法這麼說。因此最好是點點頭，聽聽病人的故事，而不是說些草率的空話，那麼至少可以避免自己變得傲慢。因此，與其說現在的我能理解病人，不如說我更願意嘗試去理解他們。

避開視線的人們

即使我是醫生，有時也需要去醫院接受檢查。由於我每天工作滿檔，所以我通常會選擇自己任職的醫院。那天，我需要接受○○科的檢查，於是去了門診。

那天負責門診的主治醫生是「雙邊」。「雙邊」是韓國特有的一種門診制度，字面意思是兩邊都有一間診療室。當主治醫生在其中一間診療室治療病人時，下一名病人提前進入另一間診療室等待，而每間診療室都有一名住院醫生協助病人，負責提前詢問病人的情況並且記錄在病歷上後，由住院醫生陪伴病人等待主治醫生前來看診。

輪到我的時候，我打開門走了進去。坐在裡面的住院醫生看起來很眼熟。原來是Ｄ，是我以前的學生。

Ｄ畢業之後去當兵了，我和他失去聯繫，而他退伍後又回來了，並且成為了住院醫生。看到自己曾經的學生考上了門檻很高的科別，我猜測他一定非常努力上進。現在的他不再是學生裝扮，儼然成為一位真正的醫生。見到他我感到非常自豪又高興，我所教過的學生成為了一名真正的醫生，而我以病人的身分遇見了他，這讓我感觸良深，感動不已。

然而喜悅是短暫的，當我走進門診時，Ｄ連看都沒有看我一眼。他只是死死盯著手機螢幕，我瞄了一下，似乎是入口網站。他盯著手機螢幕看了好一會兒之後，終於將視線轉向電腦螢幕。他打開螢幕上的電子檔案，查看我的病歷，頭也不回地對我說：

「您還有其他不舒服的嗎？」

「沒有特別不舒服，也沒有其他問題。」

雖然進行了幾次簡短的交談，但情況沒有改變。Ｄ明明在病歷上看到了我的名字，但難道他以為只是同名同姓的人嗎？順道一提，出於個資保護考量，醫院不久前開始不再以病患的名字來稱呼對方，而是以當天門診報到插卡系統上顯示的編號來叫號。所以那天的我不是「金範錫」，而是編號「A三八〇六」病人。D看著電腦螢幕上顯示「A三八〇六」的我，一邊問了幾個問題之後，「複製貼上」了今天的檢查紀錄，然後目光又回到了手機上。

隔壁診療室的病人可能狀況很嚴重，所以治療時間一直往後延長。主治醫生沒有來，所以我的周圍只有尷尬的沉默。我看著他的側臉，想著要不要先打個招呼，但又覺得好像錯過了時機。

「D醫生！請看我一眼，就算假裝認識也好，這樣我就會熱情回應你！」

就像男孩的目光追隨著自己暗戀的女孩，希望她能認出自己一樣，我的內心拼命呼喊著，希望D能看向我。但他仍然沒有注意到我，大約過了五分鐘，我開始感到不自在。我查看了他的名牌，考慮了各種可能，例如是不是看錯人了，或者是不是有同卵雙胞胎兄弟，但上面明明寫著「〇〇科住院醫生D」。

再過不久主治醫生就會進來，開始正式的檢查，我並不是重症病患，頂多兩到三分鐘就會看完。但我真的很想在離開前跟他打聲招呼。我想要和許久不見的學生分享重逢的喜悅，但是等到主治醫生進來的話，不就會打破兩個人的獨處了嗎？最後我按捺不住開口了：

「這不是D醫生嗎？」

他嚇了一大跳，差點從椅子上跌下去。當一個不知名的病人突然喊出他的名字時，他顯得相當驚訝，導致我更尷尬了。當我問他近況如何時，他開始詢問我各種問題，例如我在這裡負責什麼？過得如何？身體好嗎？有哪裡不適嗎？然而我的內心已出現裂痕。

也許我應該穿上醫生袍比較好吧？這樣的話，他應該會看我一眼，但那天我穿著一件套頭衫。不對，我應該在一開始見到他的時候，就先打招呼並表明自己的身分，但我卻希望他先認出我，這是我的不對。不過想想，當我是病人的立場而需要接受治療時，我不願意與醫生交談。我在醫生面前感到害怕，因為擔心我可能聽到一些我不想聽到的結果，或者被告知必須施行痛苦的針劑。無論如何，那天發生的事我有兩種難過的感覺。

第一個難過是，我的教導一點用處都沒有。他在就讀本科四年級（編註：韓國醫學院為六年制，分為預科二年，本科四年）時來找我，說他想要學習安寧緩和療護方面的專業，於是我們一起相處了六個星期。那段時間，身為教授的我認真地在選修課上實際演練，示範如何與病人交談和溝通，這是書本上很難學到的。然而五年後，他卻成了當病人走進門診時，連看都不看一眼的醫生。六個星期以來的辛苦教導就像泡沫一般幻滅。

當然，那天可能是個例外。也許他通常不是這樣，只是當天情況特殊，他可能感到疲憊，加上快到午餐時間了，正巧飢腸轆轆；或者說，網站上正好出現重要的資訊需要仔細研究。也許有各式各樣我不知道的細節，我相信他並非對所有病患都是如此，這只是那天湊巧發生在A三八〇六病患身上的事。然而這終究是我的希望罷了，我面臨的現實情況就在眼前，身為教授，我的成績單是不及格的。這個事實讓我很難過。

另一件困擾我的事情是我自己。我反省自己當病患進入診療室時，我是否也是一臉嚴肅地盯著顯示器螢幕。我對過去的自己感到羞愧。當我專注盯著顯示器上的病歷時，病人們不也是一樣看著我的側臉嗎？我對不起我的病人。正如我感到受傷一樣，他們一定也受傷了。老師什麼樣子，徒弟就什麼樣子。我的結論是，因為我是那種態度，所以我的學生也有樣學樣。我不該批評D，而是自我反省才對。

然而這件事發生後沒幾天，在課堂上，我了解到一個人不得不「改變」的原因，既不是我本身的疏忽，也不是住院醫生態度冷漠的問題。在那堂課裡，學生們被告知幾種醫療狀況，並分組討論該怎麼處理。其他小組都在積極討論，但其中一個小組卻什麼都沒做。有時我會遇到有些學生們無法理解討論的主題，這時教授必須給予指引。我走近那組學生問：

「這個題目是不是有點難？」

「不，這並不難。」

「但是你們這組為什麼不進行討論呢？」

「我們都是在群組聊天室裡討論。」

我一看發現，八名學生手上都拿著智慧型手機，每人的手機螢幕上都顯示出一個聊天視窗。他們面對面分坐兩排，透過打字討論。我一時無言以對。他們相距不遠，就面對面地坐在同一個空間、同一個地方，卻默默敲著手機通訊軟體，這讓我感到無比震驚。因為這是一個由教授親自授課的課程，因此沒有人意識到這是一個問題。我不敢想像這些透過文字而不親自與同事交談或討論的人們，他們會變成什麼樣的醫生去面對病人。

時代在變、世界在變，未來會變化得更快。無論我如何反思，無論我如何強調要更重視教育，在這個時代長大的學生們，當他們成為了醫生，就算透過手機聊天室幫病患看診也不意外了。然而，他們遇到的大多數病患比他們年長三十至四十歲，而且這些病患們比起手機，更習慣面對面交談。難道他們不認為讓這樣的病人透過聊天室看診是不妥的嗎？

我不是一個對教育有偉大使命感的人，也沒有宏大的理念，我甚至從未學過任何有關教育學的專業知識。我只不過是應醫學院的要求，每年進行數小時的講座，我所做的只是當醫學院學生們完成實習後，參加病區培訓時照顧他們。我無意也沒有天賦成為打造或開發創新療法的世界級醫學名人。我本身並不是一名偉大的醫學家或醫生。

我身為教授，更關注醫學院學生教育的另一個原因是，如果我活得夠久，有一天我可能會得癌症或生病，而我將來遇到的醫生不是現在剛進入醫學院就讀的學生，就是還是高中年齡的學生。我希望屆時為我治療的醫生至少是一位可以與我眼神交流、與我交談的醫生。然而，世界的變化與我想像的截然不同。

不管世界發生了多大的變化，無論透過設備而不是面對面與人交流變得多麼容易，然而對話之間的眼神、眉毛的起伏、流動的呼吸、緊閉的嘴唇，尷尬的微笑……，實際交流時所傳達的意義，卻很難透過手機聊天室傳達。無論按下多少省略符號、送出多少表情符號，都無法表達這種無聲的感情。有時候，那些東西裡蘊藏著更多的東西，面對面溝通所傳達的意義讓我們笑、讓我們哭、讓我們找到安慰，也讓我們知道病人的心事。也許我是一個守舊的人，在乎這些部分。即便如此，我仍然擔心，將來我們會生活在一個沒有這些意義的世界裡。

古羅馬政治家費邊

「我們就順其自然吧。」

「順其自然？請問這是什麼意思？」

「我不會使用極端的化療來殺死癌細胞，而是把焦點放在緩解症狀。」

有一個詞叫做「費邊戰術」，起源於古羅馬政治家費邊．馬克西姆斯（Fabius Maximus）將軍，指的是不戰而勝或即使遭受重創仍能獲勝的策略。換句話說，目標是進行消耗戰和拖延迂迴以取得勝利。當費邊在地中海爭奪戰中不得不與迦太基的漢尼拔（Hannibal Barca）將軍對峙時，他並沒有與漢尼拔直接交戰，而是採取了一場拖延戰局的消耗戰。然而羅馬重視公平對抗，認為在戰爭中撤退是一種恥辱。由於遭受漢尼拔的重創，費邊面臨嚴厲的批評聲浪，但最終他用這項策略保護了羅馬。後來，人們認同他的策略是正確的選擇。

當你遇到無法戰勝的對手時，與其硬拼，不如改變策略。意思就是，如果你贏不了，唯一的辦法就是不輸。如果我們以不放棄的精神堅持到底，戰爭有可能進入一個新的階段。

腫瘤科醫生必須對抗的敵人是癌細胞。這些癌細胞是非常聰明的細胞，會持續老化和進化。它們自行改變基因，並經過優化，即使在極端情況下也能生存。為了生存，它毫不猶豫地破壞周圍的細胞組織，甚至狡猾地徹底蛻變。我活到現在四十多年，人類存在了二十萬年左右，但癌細胞在地球上不是已經存在了幾億年了嗎？因此，雖然有些癌症可以透過化療輕鬆消除，但不可避免的，也有無論如何都無法治癒的癌症。意思就是，有時它會成為無法擊敗的對手。

這個時候，你需要擁有一些東西才能不輸並且克服，但最重要的是冷靜掌握現實。費邊對漢尼拔和他的軍隊有非常足夠的了解，並冷靜評估羅馬眾多將軍們的能力。費邊很早就知道，光憑羅馬將軍的個人能力永遠無法擊敗漢尼拔。這是一項很不容易的事。在戰鬥中承認自己的力量和能力不如對手，這一點近乎自我否定。一般人無法客觀、冷靜並且準確地評估自己，承認自己的缺點是很困難的。

但這並不是費邊唯一想到的事。他清楚知道，糧食供應是漢尼拔軍隊的致命弱點，漢尼拔雖然很優秀，但迦太基的其他將領卻不那麼優秀。羅馬本身雖然沒有什麼出色的將領，但是費邊意識到自己的優勢是在羅馬作戰的時候，糧食和軍需物資的供給沒有任何問題。

費邊沒有投降。他不斷蒐集迦太基和漢尼拔軍隊的內政情資來監視局勢。他預測對手的下一步行動，有時比漢尼拔的軍隊先一步部署，甚至利用漢尼拔不在的時候進行小規模的進攻。費邊一直在採取某些策略，只是不引人注目。最終，這場歷經艱難的戰役過後，他的策略成為羅馬在第二次布匿戰爭中取得勝利的關鍵。

我有時也會採取同樣的策略。當我感覺到癌細胞正開始反撲時，我通常會盡可能拖延時間、堅持下去。無論腫瘤大小，重點是確保維持器官的基本功能，這樣可以讓病患呼吸更久、能夠進食且沒有疼痛。方法就是避免直接對抗、持續嘗試。

如果惡性腫瘤阻塞食道，則需要進行經皮內視鏡胃造口術（percutaneous endoscopic gastrostomy，簡稱PEG），以便將營養直接供應到胃；如果惡性腫瘤阻塞呼吸道，則需要進行呼吸道切除術以打開呼吸道；如果惡性腫瘤引起疼痛，則大量使用止痛藥；如果發生細菌感染，則適當使用抗生素。這樣一來，即使無法完全治癒，病患仍可以進食、呼吸，並且不會感到疼痛。

這個策略的目標是讓病患存活，無論癌細胞是否增生。既然死亡是注定的，這些手術總有一天會變得毫無意義，但至少可以避免極端化療所帶來的痛苦，維持病患生活的品質，贏得一些時間。而掙來的時間可以鼓勵病人做更多想做的事。

事實上會教導這種緩解策略的教授並不多。這種策略唯有當你看診很長一段時間、見識過大量的病患、經歷過無數的失敗，並以冷靜的角度看待時，你才能頓悟。有些少數所謂的名醫，教導後進們哪些方法行不通，然而當他們領悟到這些不樂見的方法其實對病患很有幫助時，卻沒有好好傳授給後進。原因就是，身為醫生不可能做出搬石頭砸自己腳的事。

韓國的醫療行為收費制度是按服務收費，當施行某種治療時才會有補助。就像世界知名的醫學期刊，也唯有發生某些事情才會發表論文。意思就是，人們會稱讚你做了某件事情，但沒有人會稱讚你沒有去做某些事情。人們為勝利歡呼，但不為失敗歡呼。當結果注定是死亡時尤其如此。

然而，大多數人們並不真正理解這類的緩解策略。這種稱為緩和療護的策略是無論腫瘤大小如何，都盡可能減輕症狀來贏得時間，即使如此，卻受到人們的排斥。如果是使用最新的標靶抗癌藥物延長病人兩個月的壽命時，他們會感到開心，但對於透過緩和療護同樣延長兩個月的時間，卻出乎意料地反應冷淡。然而作為醫生，需要為病患做出最佳的選擇。在這種情況下，我經常面對病人的冷酷態度或批評，或者對我的選擇嗤之以鼻。但並非打勝仗才是勝利，只要不輸就沒有失敗。在癌症治療中，不做不該做的事情與去做應該做的事情同樣重要。

這麼晚才告訴我

「醫生，您的意思是我活不過兩個月了？」

「我很遺憾，是的，我認為可能很難熬到明年。」

「有沒有搞錯？您怎麼現在才告訴我？」

病人責備的語氣讓我回想起來，我應該一個月前就已經告訴過病人這件事情了。我打開上個月的病歷，想知道是否我的記憶有誤。顯然，上面寫著「不再化療、僅支持照護、臨終照護計畫」（No more chemo, supportive care only, end of life care planning）。這代表著化療已經沒有用，必須轉向安寧緩和療護，這一點已經明確告知病人和他的太太了。當時病人很生氣，質問我怎麼能說出化療已經沒有希望了這種話。但現在，他抱怨說我應該提前告訴他這個壞消息，怎麼可以這麼晚才告訴他。

他想必是到最後一刻都不想放棄希望。一個月前，他似乎只聽進好的部分，忽略了不好的部分。對身體不好的食物是甜的，但良藥是苦的。每個人都只想聽到好事，每名癌症病患都希望聽到治療後情況會好轉的消息，這是人的本性。但問題是，在到了某個階段之後，現實就不再按照我們想要的方式運作。

腫瘤科醫生必須幫助病患冷靜地面對現實，同時讓他們懷有希望。這種情況總是很棘手，因為事情並不總是按照我想要的方式發展，有時是醫生的問題，有時是病人的問題。如果是醫生的問題，我可以反省和檢討，改變自己，但如果是病人的問題，醫生很難憑一己之力讓病人改變。這是因為每個人的思想、生活環境、思考方式不同的關係。因為他們不是我，所以讓別人成為我想要的樣子實際上是不可能的。無論如何，我能做的就是真誠地對待病人，理解他們，幫助他們。然而也許是我能力不夠，很多時候效果並不好。

「有沒有搞錯？您怎麼現在才告訴我？我都快六十歲了，怎麼可能在短短兩個月的時間內安排好後事呢？」

他說的沒錯，怎麼可能在兩個月的時間內整理好自己過了幾十年的生活？病人說，他必須結束他正在經營的生意，但不可能在兩個月內處理完。但至少慶幸的是，他還擁有兩個月的時間。大多數的癌症病患即使堅持化療到最後一刻，抱著一線希望，但仍然突然死去，他們甚至來不及安排和處理生活的大小事。

美國人通常在死前六個月停止接受化療，意思是他們至少有六個月的時間處理後事。相較之下，根據首爾大學醫院的統計，韓國病患在死前一個月停止接受化療，也就是說，只有一個月的時間處理後事。韓國應該是世界上最「認真賣力」進行化療的國家，不得不說，只有極少數的人有足夠的時間去處理後事。這是否就是「化療、化療、為了化療」(of the chemo, by the chemo, for the chemo）呢？

即使醫生勸說化療已經沒有用，許多病患們仍然希望繼續化療。不是我不理解這種感覺，而是我感到難過。因為我見過太多的案例，人們以盡力而為的名義，把錢浪費在不可信的替代療法上，或者不願意放棄而要求已無意義的治療。續命的治療，即使掙扎到最後一刻，仍會邁向死亡，甚至連跟生命好好告別的時間都沒有。聽起來也許很現實，但這就是我們生活的世界。以我的經驗來看，韓國是一個生也難，死也難的國家。

身為醫生，我當然對於停止化療感到掙扎。明明還有剩下的藥物可以使用，病人也還沒準備好接受即將死亡的事實，家人也渴望給予更多的治療，是不是我太容易放棄病人了呢？在我陷入這些掙扎時，往往也錯過了傳遞壞消息的最佳時機。

另一方面，按照病人和家屬的意願進行化療，比冒著被批評的風險傳遞壞消息更輕鬆。事實上對醫生來說，要向病患或家屬傳達壞消息非常不容易，這需要付出很大的情感努力，也必須承受許多病患們的不滿和批評，甚至指責醫生無能，然後選擇另一家醫院。或者時不時會發生病人或家屬在醫院鬧事的情況。面臨這些情況，需要花費大量的時間和精力來說服病患及家屬。如果沒有意志力是很難面對的，所以有時候，我們別無選擇，只能繼續進行毫無意義的化療，儘管顯然它不會有效。

除此之外，繼續化療直到最終可能會因其他因素而變得複雜。說服不能接受停止化療的病患及家屬需要花費大量的時間和精力，對醫院的收益沒有幫助。而化療、ＣＴ檢查等醫療程序則能為醫院創造利潤，但如果向病人傳達壞消息並停止無意義的延命治療，醫院的收入將為零。因此，韓國癌症病人直到臨終前四週還接受化療，是多種因素交織而成的結果。

對我來說，如果我必須告訴病人壞消息，我會盡可能提早告訴他們。因為病患有權利選擇自己剩下的兩個月時間要如何安排。無論如何，兩個月的時間對於整理六十年的人生歲月來說是極為短暫的時間。我想過，如果我有一天成為癌症晚期病患，我要花多少時間來安排我已經活了四十多年的生活。我認為至少要六個月，所以如果有人告訴我頂多只剩兩個月，我應該會很生氣吧。

我認為盡早告知病患還有另一個重要原因，那就是剩餘的時間會成為病患

「心智成長」的機會。在我們漫長的一生中，會經歷許多轉捩點，歷經許多考驗。在這些磨難面前你可能會感到沮喪，但也可能會因此成長。一個在風浪中航行的船長，他所經歷的磨難和挫折多大，他的航海技術就會提升多高。但一個始終只在風平浪靜的大海上航行的船長，其航海技術必然保持不變。面對自己的死亡並整理自己的生活是極其痛苦的，但必然能在這個過程中學習並更有深度。

可能有些人會說，向臨終者談論成不成長簡直莫名其妙。不過，人臨死之前總會改變，這句話也不是沒有道理。當你意識到看似無限延續的生命其實有限，寶貴的時間已剩下不多時，你對生命的看法和價值觀就會明顯改變。這代表癌症病患可以比其他人更有意義地度過每一天，而不僅僅是重複他們的日常生活。觀察癌症醫院的無數病人們之後，我確實看到這種變化的例子。因此，即使我知道病患及其家人有時可能會感到震驚和心碎，也預料到他們會怨恨我，我仍會盡早傳達真相。我相信，這對病人和我這個醫生來說，一定是更好的選擇。

致三月的新娘

我詳細地告訴病人和他的家人，他可能只能再活一、兩個月，現在是為他的後事做準備的時候了。一如往常，病房裡的氣氛變得凝重，病人和家屬都默默地聽我說話。解釋完之後，我問他們是否有其他問題，這時病患的太太開口了：

「我們的二女兒明年三月就要結婚了……。」

太太的話暗示，家人們以為病人起碼能撐到二女兒的婚禮。同時也是在問我，是否有辦法讓他撐到那時。

我也沒想到病人的病情惡化得這麼快。我原本估計，就算活不到一年，至少也還有五到六個月的時間。但我的預估大錯特錯，化療沒有作用，腫瘤不斷增生。當病人的肺部開始積水時，他的病情迅速惡化。身為醫生的我很困惑。

病患五十多歲，有兩個女兒。女兒們看起來頂多二十歲或三十歲出頭，與同齡人不一樣，她們非常細心照顧父親。其實很多二、三十歲的孩子們不會出現在醫院照顧正與病魔抗戰的父親，因為每個年輕人都有自己的生活要過。即使有些人偶爾來到醫院，更多時候也只忙著做自己的事情，或是睡在家屬專用床上，而不是陪伴在父母身邊。

然而，每當病患來醫院門診就醫時，病患的兩個女兒都會輪流陪伴父親，甚至在父親住院期間也留在病房裡。她們似乎也透過書籍和網路搜尋癌症的相關資訊。曾經主動詢問父親的病情，但這些問題如果不是特別研究是不太可能知道的。我向她們解釋了一下，回去之後她們都和其他家人們分享了這些資訊。在那個年紀，實屬不易。兩姊妹中的老二即將結婚，而她們的父親無法親臨婚禮會場。

隔天早上我巡房時，看到二女兒躺在家屬專用床上，看來二女兒是和昨天守護病房的母親輪班之後在醫院過夜。一大早遇到主治醫生來查房，於是匆匆起床，臉都沒有洗、蓬頭垢面，看起來很憔悴。即使我覺得很令人同情，但也無法改變現狀。

「我聽說妳明年三月要結婚了，恭喜妳。」

既然聽說她要結婚，我想應該要祝賀她，所以我就先開口了，但我卻下意識把原本接下來想說的話吞了回去——「我很遺憾，妳應該無法牽著父親的手走進婚禮會場。」

這個世界上的每個父親都有夢想，一個是帶著兒子去澡堂一起洗澡；一個是牽著女兒的手走進婚禮會場，親自將女兒的手交給女婿。病人在大女兒的婚禮上能夠這麼做，但在小女兒的婚禮上卻不能，為此他一定很傷心，女兒也很難過，因為她必須在沒有父親的情況下完成婚禮，我也對此感到非常遺憾。

但那種心疼我是不需要太在意的。對我來說，只要深表遺憾就可以了，其他是別人的事情；但對他的家人們來說，卻是必須全然接受的現實。即使我不說，他的家人們其實都已經知道了。即使我說我能理解或安慰他們，情況也不會改變。

我的悲傷是別人無法理解的，這種悲傷不是別人定義的。相反地，當其他人試圖用自己的標準來定義和判斷時，往往會給必須忍受的人帶來更大的悲傷。失去父親並在沒有父親的情況下獨自成為新娘是女兒們得自己面對的事。還有那悲傷看起來會持續到永遠，但事實並非如此。在某個時刻，它以不同的形式融入每個人的生活中，轉變為新的面貌。我知道這一點，因為我經歷過。

在我二十出頭的時候，我經常去寺廟。那時候佛教對我來說是一種精神上的慰藉。去久了，我結識了幾位中年女信徒。她們通常來寺廟祈求孩子能考上好大學，或是祈求丈夫生意興隆。當時，我這個年紀的年輕人通常都會去教會，所以寺廟裡的年輕人並不多，說不定現在還是這樣吧。年輕的大學生來到寺廟，一定覺得很特別，所以女信徒們見到我都會跟我說話。

「你是大學生嗎？」

「是的。」

「不好意思，可以請問是念哪一間學校嗎？」（如果真的不好意思，根本就不應該問啊。）

「首爾大學。」

「哇，真厲害，你一定很會念書。你念什麼系？」（意思是，就算念第一學府，科系也會決定身價。）

「我念醫學系。」

「你爸媽一定很驕傲。你爸爸是做什麼的？」（想要知道爸媽的財力。）

「我爸爸已經過世了。」

「唉呀……，你辛苦了。」

「……。」

現在想想，女信徒們問我這一連串的問題，並不是想要侵犯我的個人隱私，而是將其視為拉近彼此距離的一種方式。我想她們相信透過了解身家背景可以更了解彼此，並不考慮對方的尷尬感受。當時我覺得這些問題非常無禮。

每個人幾乎都問我同樣的問題。問我念哪間大學，當我回答首爾大學時，每個人對我露出「不得了」的表情，但當我說我父親已經去世時，人們又變成可憐又同情的樣子看著我，對話也因此結束，作鳥獸散。不了解我的人認為我在沒有父親的情況下很難生存，然後他們不再過問。沒有人請我吃飯，也沒有人給我一萬韓元補助我的學費。他們只是用自己的標準來評斷我的生活、同情我的現況，然後就離開了。我在他們眼中成了一個很可憐的人。我討厭這種膚淺的同情，我不認為那些人有權利這樣批評我的經歷和我的人生。

高中時也是如此。在許多老師們眼中，我是一個「學習成績很好，但父親過世、家境條件也不好的學生」。因為我上不起補習班，所以在準備升學考的時候，如果我有什麼不懂的地方，我都會去學校老師們的辦公室請教。如果老師們只是單純為我解惑該有多好，但他們經常在我離開前加上一些話，例如：「你一定覺得很累吧？」「父親不在也要多努力喔。」這時候總讓我不知道該怎麼回答，只能說：「好。」之後離開辦公室。

唯一的例外是我高三的級任導師。雖然他清楚知道我的狀況，但他從未對我說過少了父親很辛苦之類的話，他也從來沒有問過我任何關於我個人或家人的事情，而且對待我如同其他人一樣。不過，他在我的朋友們不知情的情況下提供我獎學金的資訊，也給我好幾本教師專用的習題練習本。後來我才得知，這位老師在我這個年紀時也失去了父親，不得不養家。我不禁想，這是唯有擁有同樣經歷的人才能做到的「沉默」。

現在我已經四十幾歲了，再也沒有人問我：「你爸爸是做什麼的？」也許是因為我有穩定的工作和大學教授的社會地位，會問那些無禮問題的人也逐漸減少了。諷刺的是，當我處在如同女信徒們的立場時，卻養成一種根據自己的標準倉促判斷或猜測別人不幸的壞習慣，問別人的私人問題。

面對眼前的三月新娘也是如此。即使她不得不在沒有父親的情況下踏進婚禮會場，她也不需要「我很遺憾，妳應該無法牽著父親的手走進婚禮會場」這種話。現今有許多婚禮是由新娘和新郎同時進場，或者在沒有新娘父親的陪伴下完成的。因此，擔心新娘無法牽著父親的手參加儀式根本不重要。說到底，我只是想用自己的標準來衡量對方悲傷的輕重。對於準新娘來說，需要的也許只是一句祝福的話罷了。

急診科醫師南宮仁（남궁인）教授在他的著作《相當平靜的日子》（제법 안온한 날들）一書中提到：「人們並不是單方面不幸福。」他認為，無論病人和家屬在醫生眼裡看起來多不快樂，他們都會繼續以自己的方式過生活。無論外人認為快樂與否，他們的生活都會因為歷練變得更加豐富。這一點完全正確。

「恭喜妳結婚」，只要一句話就夠了，其他無須多言。我沒有權力或立場干涉她的生活，我只要在心裡為她祝福就夠了。即使父親離開，留下的家人們也會靠自己克服悲傷，以自己想要的方式繼續生活。她們的悲傷和空虛不應該由我個人的遺憾和憂心來填補，而是她們得自己面對的事。

有道德的人

我高中時的倫理與道德老師是個光頭，沒有頭髮，頭型獨特又沒有眉毛，就像卡通《辛普森家庭》（*The Simpsons*）的主角。每次上課時，他都叫我們朗誦課本而不講課，每個人讀完約四十分鐘的書之後就下課。現在回想起來，我覺得他的教育理念是「讀書百遍，其義自見」。一本書再難，讀一百遍，自然就會理解書的內容和涵義。有時候他說話時口水猛噴，當學生們課堂上吵鬧時，他就像外星人一樣伸出長長的手臂，彈我們的額頭。那時我記憶中的倫理與道德課就是自學、口水和彈額頭。像這樣的瑣事讓我看不起所謂的「倫理與道德」科目，甚至聽到「倫理與道德」這個詞彙還會嗤之以鼻。

有天，一名同學說在方背洞（首爾市瑞草區的某一里）某處的「峰峰電玩」見過倫理與道德老師，聽說有人看到代幣兌換室裡有一個獨特的光頭男人正在兌換硬幣。事情的真假很快地在學生們之間引起討論。有些人認為身為「倫理與道德」老師不可能那麼做，而有些人則認為擁有這麼獨特外表的人只有倫理與道德老師了，兩方的意見非常分歧。後來，為了找出真相，我們一起去了峰峰電玩，但那天唯一看到的人是一位捲髮的阿姨。

事情幾乎就這樣不了了之，但還是有一些人很執著。學生們不都是這樣嗎？後來有些人徹夜守在峰峰電玩，終於發現當時的人就是倫理與道德老師沒錯。現在回想起來，我覺得老師的太太很可能是電玩店的老闆娘，老師在下課後幫忙顧機台的工作。但對當時的學生們來說相當震撼，因為不是其他科目的老師，而是「倫理與道德」老師經營著一個被認為是滋生犯罪的溫床而禁止進入校園的電玩店，這感覺就像是一種「雙面人的生活」。再加上學生們不受學校主任的控制，紛紛開始湧入峰峰電玩打電動，顯得更加矛盾。當我看到這些一連串的狀況時，感覺「倫理與道德」似乎與現實脫節了。

從那之後，倫理與道德對我來說只是一門科目，進入大學後，我幾乎忘了倫理與道德這個詞彙。然而當我成為醫生之後，卻開始擔心起「倫理與道德」這件事。因為當上醫生後，倫理與道德就成為我眼前的現實。

因為工作的關係，我遇見許多癌症末期的病患，經常接觸臨終和延命治療的問題。現在，隨著《延命治療決定法》（編註：又稱《善終法》），該法案准許，經醫師判定無法痊癒的重症晚期病人，在本人或家屬的同意下可放棄延命治療）的實施，許多問題都得以解決，但一如以往，對於是否要停止目前進行中的延命治療始終是一個難題。家屬和醫生之間往往意見不一致。家屬認為病人已經昏迷不醒，沒有康復的機會，所以要求讓病人摘掉呼吸器；而醫生則認為，即使沒有康復的機會也不能這麼做，因為等同謀殺。雖然兩方有一個共同點，就是都知道病人已經沒有康復的可能性，但法律沒有辦法因應現實，違法與合法的界線很模糊。在混亂的利益衝突下，病患必須承受原本不該承受的痛苦。如果考慮病患的立場，什麼對病人最好顯而易見，但現實情況卻不允許。

除此之外，情況也各不相同。有的病患拒絕化療，但家屬執意要求化療。有的病患希望積極治療，但家人以沒錢為由拒絕治療。同時有兩名病患急需住進加護病房，但病房內只有一張床。許多情況都有其倫理與道德難題，而且問題並不容易解決。

每當我遇到這樣的問題時，我都會向醫學倫理學方面的教授專家和經驗豐富的腫瘤科醫生請教，比我聰明的教授們會提出很好的解決方案。我獲得的解決方案直接幫助了我的病患，而我也很依賴他們的協助。但有一天，一位醫學倫理學的專業教授請我為醫學院的學生們講課。雖然他是醫生，但他只專精基礎醫學，沒有臨床經驗，他來找我是因為他認為學生們需要包含臨床經驗的課程。

「醫生，我知道您很忙，但可以請您抽空幫我講課嗎？我認為您將能夠以現實感進行演講，因為您觀察過許多癌症末期病患，也經歷很多與死亡最相關的倫理與道德衝突。每次我講課時，學生們好像都興致缺缺，不是睡覺，就是在做自己的事。我真的需要您的幫忙。」

我得了一種無法拒絕別人的病，再加上他曾經為我解決很多與病患有關的疑問，儘管如此，我還是很尷尬。先別提我講課時學生到底會不會打瞌睡，連我自己當醫學院學生時也從來沒有好好學習醫德教育。

事實上，醫德教育在醫學院成為常態課程的時間還不到十年。二〇〇二年我從醫學院畢業時，根本沒有醫學倫理學這門課。韓國大多數四十歲以上的醫生可能從未正式學習過醫學倫理學。聽說二〇〇〇年代初期，有幾位有影響力的教授們去找醫學院院長，建議對醫學生進行倫理與道德教育，然而校方認為這是個人自己的事情，怎麼能列入教育，於是斷然拒絕。

無論如何，我答應了講課一事，但我發現必須自學並且教一些我以前從未學過的東西，這讓我相當有壓力。身為臨床醫生的我，無法獨自解決癌症末期病患延命治療的倫理與道德問題，也根本沒有醫學倫理學的理論基礎。我買了一本醫學倫理學的書來看，但迂腐的思想和晦澀難懂的句子太難了，我反而產生抗拒感。還好我參考了根據醫院發生的病例所編成的臨床案例冊，裡面提到的倫理與道德原則讓我很容易理解，產生了許多共鳴。我把臨床案例冊讀過一遍，再反過來推敲過去發生的情況。我先看病人的病例，遇到不懂的部分就查找專業書籍。

課程基於事實而不是理論。我的課程是透過向學生們提供病患案例、閱讀與個案相關的資料，然後讓學生們進行討論。嚴格來說，與其說是講課，不如說是提問。

「如果一位病患因為宗教信仰的關係而拒絕輸血，但需要接受緊急手術，可能會導致大量出血。輸血可以挽救病人的生命，但病人拒絕。當你們思考生命倫理四原則時，身為主治醫生的你會怎麼做？是否要在病人不知情的情況下一邊輸血，一邊動手術？」

當我提出這些問題時，學生們都熱烈地回答和討論。當似乎已經得出某個結論時，我又提出了另一個問題。

「父母都是虔誠的教徒，孩子已經五歲了，但父母不允許孩子接受輸血。這時候你作為主治醫生該如何處理？」

「父母雖然都是教徒，但孩子不是。孩子已經十七歲，到了可以自己做決定的年紀，但因為是未成年人，根據《民法》，必須由他的父母簽署手術和輸血同意書。而父母反對讓十七歲的孩子接受輸血。只要能夠活下來，他本人希望可以輸血。父母看起來很重視權威教育，因此孩子不得不看父母的臉色。作為主治醫生，你會怎麼做？」

「孩子今年十七歲，也是教徒。據推測，他不是一個虔誠的信徒，只是跟隨母親信仰的『假教徒』。他的父母反對讓十七歲的孩子接受輸血。作為主治醫生，你會怎麼做？」

針對各種情況，學生們踴躍發表自己的意見，超乎我的預期。聽完同學們的意見，我覺得自己的心都豁然開朗了起來。等到問題解決得差不多，我又提出另一個問題。

「你是急診室的醫生，急診室裡有名接受治療就會好轉的病人，強烈拒絕治療。按照尊重自主原則，必須尊重病人的意願，但按照行善原則，必須為病人治療。作為主治醫生，面對拒絕治療的病人，你會怎麼做？」

「我正在努力說服那名病人，但沒有用；同時，另一名救得活的重症病患也來到了急診室。你會停止試圖說服這名病人，而去拯救另一人的性命嗎？作為時間有限的急診室醫生，你會先救誰呢？」

我就這樣胡亂上了一堂課，我覺得自己懂的不多，所以我打算明年開始不該再答應授課。不過，學生們表示很喜歡這樣的討論課程，因為可以感受到臨床實務的艱辛。最後，我被要求第二年再來講課一次。我感到困難重重，我仍然在每次講課時深感羞愧，即使如此，我擔心學生們會像我過去那樣感覺與道德和現實脫節，所以我透過與他們交談討論的方式，幫助他們盡可能多去思考自己處在該領域時所感受到的問題。

如果就只是偶爾講講課多好。但我總是無緣無故不斷接觸所謂「倫理與道德」的領域。因緣際會下，我成了醫學倫理學會的會員，甚至加入了醫院的倫理委員會。我在學會可以安靜地混在人群中，聆聽專家們的演說，並且擁有學習的機會。但在醫院倫理委員會的工作實際上必須參與討論與該領域密切相關的問題，所以我思考的領域和範圍既廣又深。

醫院倫理委員會中提出了各式各樣的問題，其中最常被提到的是人與人之間器官移植的審查。審查內容主要是調查是否存在金錢交易的可能性，以及移植是否合乎道德標準。舉例來說，一對相愛的男女，由於其中一人身體不好，沒有登記結婚就住在一起，後來兩人決定結婚，在此之前，其中一人想要把腎臟捐給對方。因為接受伴侶捐贈而感到內疚，對移植猶豫不決的受贈者，以及願意捐出自己的腎臟給伴侶的捐贈者——一個願意捐出連對方家人都不肯捐的腎臟的沒有血緣關係的人，為了證明彼此沒有金錢利益關係，他們帶來一堆文件，以及褪色的照片，證明兩人已經認識幾十年。

即使是同樣的問題，醫院倫理委員會的每位成員也都有不同的想法和不同的立場。遇到這種情況，大家會再次開始深入研究根本問題，例如人性本善還是本惡之類的問題。但實際上人類不就是介於兩者之間嗎？唯一的區別是善良多一些，還是邪惡多一點。就連區分兩者的標準也不一致，有很多事情現在是對的，過去是錯的；也有很多事情過去是對的，現在是錯的。於是，「一個人應該遵守或遵循的義務」，甚至「行醫的原則和道德倫理」就變得更加困難。「做人」的標準是什麼？行醫的「原則」的依據是什麼？很難給出明確的答案。

醫院倫理委員會的審議不會一次結束，可能會進行兩到三次。不能說這樣做出的決定一定是正確的，因為人類的判斷總是不完美的。然而好處是，我們都意識到自己的決定可能並不完全正確，因此每個人都嘗試透過參考數據和文獻來逐步修正改進。也許彌補這些缺陷的努力本身就是一種倫理與道德。

我還是不知道什麼是倫理與道德和醫學倫理，這類問題總是很難有答案。然而，作為一名醫生和人類，我盡我所能過得於心無愧。我深刻領悟到我是一個不完美的人，為了填補這個缺陷，我不斷尋找比我更優秀的人，請他們指導我，讓我得以學習。我會保持這種習慣不中斷，這就是我所能做的。我相信這是生活在「倫理與道德圈」內的我，能夠做到的最好的事。

自私與無私

該名病患五十多歲，患有第四期肺癌。三年前，他的癌症惡化到生活無法自理的地步，但一種名為「愛寧達」（Alimta）的抗癌藥物對他有顯著的效果，癌細胞消失了，病患也得以在一定程度上恢復日常生活。然而，抗藥性是無法避免的，這是所有抗癌藥物的宿命。愛寧達抗癌藥失效後，他的癌腫塊再次增大，三年後，他的肺部又變得混濁，再次出現呼吸困難的現象。

病患的女兒辭掉了工作，開始全天候照顧父親。由於母親多年來一直代替生病的父親扛起一家生計，如今女兒是唯一能照顧父親的人。在病人住院期間，女兒的臉上總是充滿疲憊。女兒的狀態似乎隨著病人的病情惡化，即使如此，她後來告訴我她認為自己很自私。她既後悔又自責，不該把自己的事放在了父親之上，沒能及時、妥善地照顧父親。

人們通常認為照顧生病的父母是孩子的責任，因為父母賦予孩子生命，被父母拉拔長大，當時他們什麼都不能做，只能依賴父母。隨著時間過去，父母生病了，失去自理能力，而孩子必須獨自承擔一切，擔起照顧父母的責任。這並沒有錯，然而犧牲自己、全日照顧某個人，知易行難。當涉及自我犧牲時，犧牲越多、時間越長，無論是誰都會感到疲倦。「久病床前無孝子」這句話沒有錯，這不是單憑親情就能承受的事。雖說照顧父母是應該的，但有多少子女會說，如果父母得了癌症，他們可以放棄一切，完全專注於照顧父母？

無論如何，很多子女們在父母過世後都會感到遺憾和悔恨，並責怪自己沒有盡到責任，為自己的自私而痛苦。那名病患的女兒也不例外。

但我的想法有些不同。一個二十多歲的年輕女子有自己的生活，需要出門約會、見朋友、聊天、看電影，或者吃美食。對於未來，需要準備就業、學習、認識朋友、體驗世界。但要怎麼做才能拋開這一切，在照顧父母的同時感覺良好呢？當照顧的時間不是僅有幾天而是持續好幾年時，自然會感到辛苦。如果有人說完全沒關係那才奇怪吧。

在我看來，女兒是無私，而不是自私的。事實上，如果能更照顧自己、自私一點，情況不知道會不會不同。因為在親子關係之前她是一個獨立的個體，也因為照顧他人是身為人會做的事情。如果你想長久照顧某個人，那麼你也必須照顧好自己。如果你不照顧好自己，就很容易身心俱疲，接下來也無法照顧別人。這是病人，也是女兒的父親所不希望的。

這種自私與無私之間的矛盾不僅發生在病人及其家人，也發生在醫生身上。這是我的親身經歷。

「不行，醫生怎麼可以去度假，留下這麼多病人不管？你還算是醫生嗎？」

幾年前，一位病人匆匆進入急診室，看起來身體狀況很差。在我巡視的時候，告訴那名病患目前的狀況和治療方式，並且補充說，很抱歉，我會有幾天不在，因為我從明天開始休假。結果他的家屬反應相當激烈。

對我來說，這是一年一度的假期，早在幾個月前我就預訂好住宿，是一場計畫已久的家庭旅行。然而突然來了病人，而且他身體很不舒服。如果我告訴家人因為病人情況不好而不得不取消假期，我完全可以預期他們會有什麼反應。在我到這家醫院服務的五年來，我從來沒有好好和家人們共度時光，甚至沒辦法和他們一起過任何假期。我的太太已經厭倦了總是需要安慰孩子們，告訴他們要體諒父親，因為他要治療病人。我對我的太太愧疚到無地自容。

然而病患家屬不會知道我的情況，因此說了一些話。他質問我怎麼可以丟下一個病人跑去度假，這句話刺痛了我的心。我心裡感到一陣苦澀，因為醫生似乎被視為必須不停照顧病人，不可以休息的人。病患家屬說我很自私，但每當我遇到這種情況時，我反而覺得是人們太自私了。

那天，我出於沮喪而與另一位醫生談論這件事情時，他批評家屬太自私。不過，當我和一個非醫生的朋友談到這件事時，他說從家屬的立場來看也情有可原。他說，他的父親生病時，主治醫生出差參加研討會，他當時感到非常失望。而我與另一個朋友討論時，他說主要的問題很可能出在我說要休假時的態度，而不是休假本身。無論如何，那對我來說是一個轉折點。

轉折點正是那個假期。我帶著忐忑不安的心情展開假期，就算是短暫的休息也足以甩掉我心中的沉悶。我在江原道的自然休閒森林裡度假，那裡的網路不太好，網速很慢，所以很難上網確認郵件。當我突然與醫院斷絕聯繫時，我感覺好像有什麼東西消失了。既然我什麼都不能做，乾脆放棄，決定就無所事事好了。其實我也沒做什麼特別的事，只是到森林裡散散步，聞著森林的味道，和孩子們玩耍，閒晃吃著美味的食物。

前一、兩天，我對什麼都不做感到焦慮。我懷疑自己是否真的可以過這樣的生活，我覺得我必須工作，應該繼續嘗試連上那個超級龜速的網路。然而，當我發現無論怎麼嘗試也行不通，準備放棄的時候，我的焦慮瞬間煙消雲散。直到那時我才慢慢開始了解我的問題。

問題就在於我強迫自己相信努力工作是一種美德，在醫院工作的我應該要犧牲奉獻。我越努力，就越疲憊。因為我太累了，以至於忽略了要照顧自己。我應該自己照顧自己，但每當遇到任何情況我都不把自己放在第一位，對自己置之不理。我的身體和心靈消磨殆盡。當我的心變得疲憊不堪時，我的身體也隨之變得更加沉重。事實上，我的體重增加了，每個看到我的人都說我看起來很累、臉色不好等等，但不知從何時起，他們不再對我說這些話，只是暗中觀察我的表情。不知不覺中，我發現自己對病人變得不友善，並對實習醫生們感到惱火。度假期間我意識到我正在以一種糟糕的方式變化著，我意識到因為我無法冷靜，所以給周圍的人們帶來困擾。我需要改變，需要解決的辦法。

度假回來之後，首先我讓自己睡眠充足。在我的生活中，我一直有種強迫症，那就是少睡覺多工作。我現在才發現，醫院裡並不會因為我睡眠充足而出了什麼不好的事情。我準時下班，一有時間就去散步。遇到聊得來的人，也會一起吃吃美食。我聽著自己喜歡的音樂，讀我最喜歡的書，並與我的孩子們共度時光。方法就是這樣，但改變了很多事情。經過充分的休息後，我的身體感覺舒服多了，體重也下降到原本的重量，身體變得更輕盈。我終於能夠將自己的生活與醫院的工作分開。以前的我無法關掉二十四小時工作的開關，但從那之後，在完成醫院一天的工作後，我能夠關掉腦子裡的開關。

幾個月過去了，人們開始說我看起來氣色很不錯。即使有人對我說一些批評的話，我也會坦然表示同意並且釋懷。門診的時候我更加專注，判斷力也提高了。我和病人的關係有所改善，甚至可以講一些無傷大雅的笑話。我開始不再因為休息而和自己過不去，也不會對別人的指責反應過度。

似乎我並不是唯一有這種感覺的人。首爾市牙山醫療中心的腫瘤科金鮮英（김선영）醫師在《失去但沒有遺忘》（잃었지만 잊지 않은 것들）一書中是這樣說的：「回想起來，我對病人和顏悅色的時候，是當我睡得好、休息夠、自我感覺良好的時候。」

如果我感到焦慮或不舒服，這些感覺就會傳遞給別人。搭飛機時，都會播放一些乘客基本須知。如果遇到緊急情況，應先為自己戴上氧氣罩，再為孩子戴上。這是因為，如果你擔心你的孩子而嘗試先保護他，萬一不成功，你們倆都可能會死掉。

當關心某人時，你必須有點自私才能無私。追根究柢，自私與無私就像是一枚硬幣的兩面。也就是說，我們需要自私才能照顧自己並得到穩定，這不代表我們為了舒適而不考慮他人。我們是某人的家屬、有需要去照顧某人的人，但我們同時也是保護自己的人，首先需要照顧好自己。唯一會把你視為優先而施以照顧的人就是你自己。當你能照顧好自己的時候，就有能力和精神去照顧別人。試圖表現出無私，結果照顧不了自己，也照顧不了別人的作法是絕對行不通的。

Chapter 4

在生與死的邊界

#

……媒體大肆報導說，法律已經制定好了，未來每個人都可以有尊嚴地死去。然而，幾條法律條款並不能輕易改變舊有的習俗。在媒體沒有反映出的現實環境中，仍存在著許多困難和龐大壓力。《延命治療決定法》在法律上允許停止輸入氧氣到人工呼吸器，但是並沒有考慮由誰、如何停止輸入氧氣。醫護人員和家屬經過深思熟慮後做出了選擇，但要擺脫「我」中斷了病患呼吸的負擔和愧疚並不容易。在此之前，針對應該何時、如何、由誰來討論延命治療，費用問題如何處理，以及醫生如何接受處罰條款等，也都沒有深入思考。

自力更生，找一個你認識的人

故事一

時隔許久，我接到一位熟識的和尚打來的電話。他說，他們寺廟的一位信徒做了胃癌手術，主治醫生要他做化療，他問是否應該接受這樣的治療。進一步了解後得知那位信徒是淋巴結陽性的病患，屬於高復發風險族群。醫生建議進行化療是為了預防復發，這是極為正常的事，是按照準則進行的標準治療，當事人的確應該接受化療。雖然我從未親眼見過這位病人，但我想也許因為他有承受化療的體力，主治醫生才會建議進行化療。

「師父，主治醫生建議進行化療應該是有充分理由的，不是嗎？如果有必要，就該這麼做。」

「對吧？應該接受化療吧？」

「應該是的。最好按照醫生說的去做。」

「他一直問說手術很順利，為什麼需要做化療？不做不行嗎？」

如果真如我所聽到的那樣，那位病患無需擔心，為了防止復發，這是一個明顯需要化療的情況。

「但是他應該去問主治醫生，為什麼要問師父呢？」

「是啊，他應該跟醫生談一談才能解決的事，不知道為什麼要問我。我要不是鬱悶到極點，怎麼會打電話給金教授呢？不管怎樣，謝謝你百忙之中抽空告訴我，我會好好跟他說的。」

我可以理解病人沮喪的心情，但是故事繞著幾個第三者轉了一圈後，最終又回到了原點。雖然透過認識的人向那人認識的醫生確認，或許內心可以得到安慰，但是路徑是錯誤的，而且什麼也沒有改變。

故事二

一位許久沒聯絡的高中好友打電話給我。他說，工作上有個熟識的客戶，其社長的太太被診斷出患有乳癌。由於對方是「重要客戶的社長太太」，因此在這段關係中，我的朋友就是所謂的「乙方」。乙方的立場就是應該要幫甲方抓癢，我那位朋友很可能會說：「我朋友在首爾大學醫院的癌症醫院……。」於是，客戶的社長每次就會為了太太的事打電話給我的朋友。後來情況開始出現異常的轉變。

主治醫生懷疑有腦轉移，建議病患進行磁振造影（ＭＲＩ）檢查。病患打電話給她的丈夫說可能已經轉移到大腦，於是他就打電話給我的朋友，我的朋友又打電話給我，問我是否真的轉移到大腦。我問我的朋友，病患是否做了腦部ＭＲＩ，以確認有無轉移到腦部。我的朋友打電話給客戶的社長，問他的妻子是否做了ＭＲＩ，於是社長回過頭詢問他的妻子。然後，病患告訴她的丈夫，她明天要做ＭＲＩ檢查，社長便打電話給我的朋友，我的朋友又打電話給我，告訴我那位太太說的話。電話就這樣不斷地打過來、打過去，陷入了無限循環。

近來因為個人資料保護的問題，醫生不能隨意查看非自己病患的病歷。在看不到那位病患病歷的情況下，我只能聽他人一再轉述病情。我說需要做完明天的MRI檢查，才能確定是否發生腦轉移。然後，這句話又會經過兩、三通的電話傳達給病患。我說的話就是一開始主治醫生直接告訴病患的內容，雖然打了好幾通電話，經過好幾個人的轉述，但是到最後，「只有做過MRI檢查才能確定是否發生腦轉移」的簡單事實並沒有改變。

作為緊急聯絡人的社長不正是想從我朋友那裡聽到「我熟識的首爾大學醫院教授會特別照顧你們」嗎？他們心裡期盼的應該是我能與社長夫婦見個面，並且接到某人的電話時，我能告訴他們不要擔心，好好接受治療。應該是說，他們希望我能讓他們覺得，在這所龐大的大學醫院裡有一個特別關心他們的堅強後盾。

然而，我都無法向自己的病患詳細解釋病情了，怎麼有閒工夫去向別人的病患詳細解釋我不清楚的事情。我的政治頭腦不夠好，無法處理好那些相識之後也許會有幫助的人際關係。病患是輾轉認識的人，和我的關係也沒有要好到讓我為她這麼做的程度。大多數大學醫院的教授都有類似的情況，每個人都被時間追趕著，所以那位病患的主治醫生可能也只是簡單地對她進行必要的說明，而我同樣也沒有餘力為她做更多。

總之，這種耗費心力的事反覆幾次之後，我漸漸對那位朋友失去耐心。不知從什麼時候開始，我不再回覆簡訊，也停止接聽電話。本來我應該讓社長夫婦確信「我也認識首爾大學醫院的一位教授，必要時可以使用他的人脈，我是一個特殊的病人」，但最終，為人不夠圓滑的我並沒有為他們這麼做。我的朋友應該也對我很失望。

在醫院裡經常會遇到這種事情。醫院裡有一種說法，即使是清潔人員或保全也要認識。認識的人越多，在需要的時候就能得到越多的幫助。給彼此方便是最基本的，像是一種互助互惠，我們稱之為人脈。這種情況只發生在醫院嗎？我們的社會一向如此，未來也會延續下去。

韓國實現了前所未有的壓縮成長，但是這種成長必然要追求效率，不在乎原則及合理與否，為了盡快取得成果，必須忽視原則，必須承認例外，卻又不能把特權隨便給任何人，最終所有一切都源自於人脈關係。當然，這種特權有時能提高效率，促進壓縮成長，但最終也造成了私人體系凌駕於公共體系之上。

癌症保險也是如此。我們不能只相信政府經營的國民健康保險。國民健康保險的保障範圍較低，如果只依賴國民健康保險，一旦患上大病，很可能必須面對巨額的醫療費用，因此建議至少要投保一份私人保險。基於這個原因，在韓國幾乎沒有人不購買癌症保險，還有就是因為熟人介紹的保險規劃師前來推薦，大多數情況下，人們會為了給對方面子而購買最便宜的選項。也就是說，到頭來癌症保險很可能是為了要與認識的人建立互助關係而購買，而不是為了自己的需求。人們不相信公共健康保險能為自己的所有健康負責，於是產生了對私人保險系統的需求，癌症保險便成為了必需品。

學校的公共教育也不例外。就連老師也熱衷於私人教育，因為他們比任何人都清楚，僅靠公共教育很難將孩子送入好大學。反正，改革公共教育、整頓大學入學考制度、創造一個只要受過良好學校教育就可以上大學的社會等等，並不是個別教師能做到的事。

那些有權力改變公共體系的人，即使在沒有公共體系的情況下僅仰賴基於人脈關係的私人體系，他們在生存和生活上也沒有任何問題。相反地，私人體系始終比公共體系的威力更強大，所以在發生困難時，要有認識的人才能讓我們感到安心。就這樣，私人體系形成了「特權」，這些「特權」逐漸根深蒂固，其結果就是「人脈關係成為一條重要的法則」。

二〇一五年制定的《禁止不正當請託與收受財物法》是為了杜絕這種弊端，但如今它似乎已經淪為「被抓到就被抓到」的《格列佛法》，而不是作為行動指南（至少我是這麼覺得）。很多人高喊著口號，追求公正、美好、安全的國家，但我不確定是否真的變得更加公正、安全、美好。無論在醫院裡還是在醫院外，我常常覺得口號終究僅止於口號，從背後獲取利益的絕對另有其人。

這是一個自謀生路的國家。「自謀生路」是普通人的慘痛經歷，因為在沒有人負責、沒有幫助、沒有人可以信任的情況下，只能別無選擇地自尋出路。沒有人在乎我們的生存，我們必須自己設法活下去。不可否認的現實是，在醫院裡也一定要有認識的人。心頭有股苦澀難言的滋味久久難以消去。

盡我所能果真是最好的嗎？

「請盡全力醫治，拜託您了。」

「如果有不在保險範圍內的治療，請不要擔心費用的問題，都幫我們做吧。」

溫斯頓．邱吉爾（Winston Churchill）說：「絕不、絕不、絕不放棄。」無論遇到什麼困難，都不要放棄，要盡最大努力直到最後。我們一直接受這樣的教育。去做就能做到，如果做不到，就再想辦法做到。如果你說實在做不到，就會得到這樣的回答：你做過多少次了？再試一次，直到成功為止。

南韓無數次實現了所有人都認為不可能的事，戰爭廢墟中，這個世界上最貧窮的國家，在三十至四十年後躋身先進國家之列。其他先進國家經過二百多年累積的成果，南韓僅用三十至四十年的時間就實現了高度壓縮的成長。這是在無論如何都要擺脫貧困的緊迫性下取得的輝煌成就，而副產品就是軍隊式的上命下從文化和加班是理所當然的長時間勞動。在那樣的時代，「去做就能做到」是一種社會信仰，是支撐我們社會的價值觀。無論何事我們都必須竭盡全力地面對，就如字面上所說的，不管那是什麼，甚至是自然來到的死亡也是如此。

有位老奶奶是八十歲的晚期肺癌病患。在第一次診斷時，癌細胞就已經擴散到骨頭和肝臟。她有兩個兒子和兩個女兒，這四個兄弟姊妹總是要求我盡全力醫治病患。但是，老奶奶年事已高，沒有體力承受化療的衝擊。或許是因為她本身話不多，每次來門診時，家屬都會成為她的發言人，代替老奶奶詳細陳述她的身體狀況。醫生無法確認病患本人的意願，緊急聯絡人希望能做化療，又表示病患也有同樣的想法。

於是，我們開始進行化療。本以為這個治療方法有點勉強，但幸運的是獲得了某種程度的成效，癌細胞開始縮小。雖然這對老奶奶來說一定很辛苦，但她還是咬著牙熬了過來。我使用了不在保險範圍內的高價抗癌藥物，進行了我能力範圍內最好的治療。就這樣順利過了六個月，然而，意想不到的問題這次也一如往常地突然發生了。

大約在十一月左右，天氣漸漸轉涼。從幾天前開始，老奶奶有點感冒了，出現咳嗽、喉嚨有痰的症狀。本以為是感冒了，但有一天她的家人突然把老奶奶帶到急診室。高燒三十九度以上，呼吸急促，在急診室拍的ＣＴ檢查結果不太理想。肺癌的病情惡化，出現嚴重的肺炎。儘管進行了化療，癌細胞仍然增大，長大的癌細胞阻塞住支氣管，導致肺炎的發生。由於無法維持正常呼吸，血氧含量減少一半，血氧濃度正逐漸下降。老奶奶的意識越來越模糊，再這樣下去，恐怕不到幾個小時就會離開。家屬們一看到老奶奶呼吸困難，就哭成一團，急診室醫生看著ＣＴ檢查結果，緊皺著眉頭說：

「看來必須去加護病房了。請家屬們商量一下要不要去加護病房，決定後再告訴我。」

對於癌症已經進展到一定程度的癌症病患來說，如果進加護病房後好轉的可能性極低，就不建議病患進入加護病房。相反地，如果只要克服這次危急的情況，確實有明顯好轉的可能性，就會將病患轉移到加護病房，並且通知緊急聯絡人。然而，總有一些模稜兩可的情況，既不是前者，也不是後者。如果不馬上去加護病房，就會立刻死去，但即使去了也不能保證會好起來。在這種時候，醫生和緊急聯絡人都很難做出決定。身為緊急聯絡人或家屬很難做出理性的判斷，如果對病患仍有依戀和難以割捨的情感，則更是如此。身為醫生，由於不確定病患的病情是否會好轉，所以也同樣很難做出決定。病患本人的意見很重要，但在這種情況下，病患大多是處於昏迷的狀態。

當我剛結束門診走出診間時，我接到急診室的電話。

「醫生，您知道您治療的八十歲肺癌病患Ａ老奶奶嗎？她因為肺炎被送來急診室，已經為她氣管插管並戴上呼吸器。現在打算讓她住進內科加護病房，打這通電話是想請您進行特診。」

「A病患嗎？等一下。」

我看著CT照片和病歷，不禁皺起了眉頭。在急診醫學科醫生眼裡可能是使用抗生素就會好轉的肺炎，但我在眼裡看到的是化療後卻仍持續生長的癌細胞。癌細胞阻塞了支氣管，進而引發肺炎。即使戴上呼吸器，在癌細胞繼續阻塞支氣管的情況下，抗生素治療顯然也起不了作用。

「A病患的肺癌惡化了……我想即使她進入加護病房也不會好轉。她已經戴上呼吸器了嗎？」

「是的。」

急診醫學科醫生的回答很簡短。

「那為什麼打算送去加護病房呢？你看到她的CT檢查顯示癌細胞長大了吧？即使去加護病房也解決不了癌細胞，這樣下去最後會在無法摘掉呼吸器的情況下死去的。」

「我們並不是沒有考慮到這一點。她的家屬希望送進加護病房。」

「不管怎麼說，總是……。」

「那麼，您是說我們應該不要幫她戴上呼吸器，就放著讓她直接死去嗎？在家屬想要讓她戴呼吸器的情況下？」

急診醫學科醫生的話中帶刺，好像在說為什麼我明知道急診室的立場卻仍故意為難他們。我無話可說，因為我知道那些家屬們總是要求盡一切可能全力救治。從急診醫學科的立場來看，幫病患戴上呼吸器勝過讓她立即死在急診室。急診醫學科應該也不是不知道病患的狀況，只是急診室裡總是擠滿了病人，向家屬們解釋奶奶的情況，說明為什麼加護病房對老奶奶毫無意義，以便說服家屬不要將病患轉到加護病房，前後需要花三十分鐘以上，但是給病患戴上呼吸器只需要五分鐘。如果晚一點來了另一個緊急聯絡人，抓住醫生的衣領質問為什麼任由母親死去，急診醫學科的醫生們也會感到頭痛。再加上病患一旦進入加護病房，就屬於內科的管轄範圍，而不是急診醫學科的管轄範圍。從急診醫學科的角度來看，送往加護病房在很多方面都是合理的決定。

有比想像中還多的緊急聯絡人和家屬，認為盡一切醫療上的可能醫治病患就是對父母的孝心和對家人的愛。大多數情況下，這些緊急聯絡人都會堅持讓病患住進加護病房，即使這麼做對病人來說毫無意義。而且，越是對病患感到愧疚的人，越會執意這麼做。從病患的立場來看，等同是把關乎自己生死的重要抉擇交由自己以外的家人和醫護人員等第三者決定。結果變成活著的時候不舒服，死的時候也不舒服。

在我攻讀專業科目的時候，曾經和指導教授一起做過一個簡單的研究。研究的主題是我們醫院的病患「接受化療到去世前的第幾天？」研究開始前我查閱了文獻，發現有美國病患的數據，但完全沒有韓國病患的數據。在美國，癌症病患平均接受化療到死亡前六個月為止。換句話說，如果化療被認為沒有意義，就可以利用剩下的六個月整理自己的人生，接受安寧緩和療護。

我們立即蒐集在首爾大學醫院死亡的病患數據並開始研究，結果令人驚訝。最後一次化療與死亡的平均時間間隔為六十天，即兩個月，這意味著病患接受化療到死前兩個月為止。不到一〇%的人選擇安寧緩和療護。這是二〇〇七年的情況。十年後再次進行同樣的研究，這次的結果是最後一次化療與死亡時間的間隔縮短至三十天，這意味著病患在死前一個月還在接受化療。我們就是這樣地盡全力醫治。

最終，老奶奶被轉到加護病房。我的預感沒有錯，不管使用的抗生素有多強，肺炎都沒有好轉，她也沒有很快地離開人世。如果血壓快要下降，就使用升壓藥物，如果血氧濃度下降，就增加呼吸器的氧氣量。當腎功能開始惡化，就開始透析治療。

一週、兩週、三週就這樣過去了。由於注射大量的點滴，奶奶的臉腫脹得連勉強睜開眼睛都很困難。經過這麼多次的血液檢查，導致血管破損，手臂和腿上滿是深藍色的瘀青。在這種情況下，各種輸液、抗生素和升壓劑仍源源不絕地進入老奶奶的體內。她的臀部開始出現褥瘡，長期使用升壓劑讓手指和腳趾末端開始發黑腐爛。當血壓下降或血氧濃度下降，各種機器發出響亮的蜂鳴聲時，面無表情的護理師就會過來餵藥，關掉警鈴，然後離開。當隨著鼻管進入體內的餐點變成糞便排出體外時，護理師就過來把病患抬起來，更換尿布，擦拭糞便（護理師們總是很辛苦，一個護理師要照顧的病患數很多，特別是加護病房護理師的工作格外吃力，在加護病房三班制值勤幾個月後，就連二、三十歲的年輕護理師也會馬上感覺到身形明顯消瘦）。

加護病房限制家屬探視，每天只允許探視兩次。而且為了感染管制，探視時還必須穿戴手套和圍裙等一次性防護服。老奶奶的家人每天都來探視，事實上即使來探視也沒有什麼能做的，只能用戴著手套的手撫摸病患腫脹到難以辨識的臉，或者向負責的護理師詢問今天的狀態如何。這樣的日常大部分都差不多，只是程度問題。所以通常只需要一、兩天，家屬們就會後悔地說：「如果早知道會這樣，絕對不會送去加護病房。」問題是沒有人提前告訴他們加護病房就是這樣的地方。即使被告知了，也很難具體知道加護病房的實際情況。

過去我與本科四年級的學生曾進行一項研究，我們製作了一段二分鐘的加護病房影片讓病患觀看。由於病患或其家屬通常在對加護病房一無所知的情況下，決定是否要轉到加護病房，為了提供正確的資訊，我們開始了這項研究。然而，我們無法順利招募到參加研究的病患，因為病患們一看到這段短片，眼淚立即潰堤，情緒激動到說不出話的地步。只要想像自己隻身處在那冰冷的空間就會感到痛苦不已。儘管如此，在「盡全力到最後」的美名之下，現實生活中大部分仍是會先幫失去意識的病患戴上呼吸器。

老奶奶就這樣在加護病房靠呼吸器堅持了一個多月。要求盡最大努力的家屬們，始終沒有在「不施行心肺復甦術同意書」上簽名。

不久，老奶奶那一直苦撐著的心臟似乎想休息一下，某一天突然停止跳動。

「醫生，心跳停止了！」

大家都圍到老奶奶身邊。由於家屬沒有簽署「不施行心肺復甦術同意書」，醫護人員不得不進行心肺復甦術（cardiopulmonary resuscitation，簡稱ＣＰＲ）。如機械般聚集過來的人們開始施行ＣＰＲ，當實習醫生開始胸部按壓時，只聽到

「啪」的一聲，老奶奶的胸骨塌陷了。

「二百五十焦耳，charge（充電）。大家離開！」

碰！

一種稱為去顫器的電擊裝置在病患身上發出電擊，此時聽到「碰！」的一聲，病患蒼老嬌小的身軀彈跳起來。

「還沒回來。二百焦耳，charge（充電）！」

碰！

年邁的身軀再次彈跳於半空中。

「實習醫生，請繼續按壓。」

每次按壓胸口時，都會發出「喀嚓」的聲音，那是肋骨斷掉的聲音。現在已經沒有肋骨可以斷了，斷掉的肋骨彼此摩擦的聲音刺激著我的神經。

「實習醫生……輕一點……。」

這位一無所知的實習醫生，看不懂眼色地用盡全力進行胸部按壓，主治醫生提醒他輕一點，適可而止就好。畢竟，這只是「show PR」（意思是病人已經沒有救回的希望，這只是為了做show而進行的CPR），沒有必要一絲不苟地施作心肺復甦術。要是肋骨繼續斷下去，對家屬也不好交代。實習醫生盡可能地輕壓胸部，同時盡可能避免直視已經放大的瞳孔。主治醫生詢問護理師：

「緊急聯絡人來了嗎？」

「是的，就在惠化圓環附近。他們說很快就會到。」

大家都在等緊急聯絡人和家屬盡快趕到。緊急聯絡人抵達後，主治醫生會出去向緊急聯絡人和家屬們說明情況。一旦家屬們了解情況並接受病患死亡，「show PR」的戲碼就會結束，主治醫生也可以宣布病患死亡。病患前往來世之路竟是如此地艱辛困難。

家屬們和醫護人員用盡現代醫學的一切方法全力幫助病患，但是沒有人因此感到幸福，病患也在費盡千辛萬苦後終於踏上下一段旅程。在這所有過程中，我不斷問自己，盡我所能果真是最好的嗎？

有尊嚴的死亡——關於《延命治療決定法》

有尊嚴的死亡。

這是每個人都想要的，這也應該是理所當然的，但在現實中，這卻是非常困難的一件事。二〇一六年在南韓二十八萬的總死亡人口中，有二十一萬人在醫院死亡，並且九〇%的晚期癌症病患是在醫院去世的。在醫院裡死去的當下情景通常大同小異。由於在臨終前兩個月大概會花掉一生醫療費用的一半，因此在生命臨近終點時，大多數人基於經濟考量，傾向選擇住在六人病房。六人房裡有末期癌症病患，有安排明天手術的早期胃癌病患，也有單純肺炎病患。雖說是六人房，若加上緊急聯絡人或看護，幾乎就是十二人房了。如果在病房裡的某個角落，有人處於奄奄一息的狀態，對那裡的任何人都沒有好處。

如果有人的血壓和呼吸下降，就會看到護理師忙進忙出，身旁的家屬開始哭泣。隨著家人、朋友一個接著一個進到病房，哭聲漸漸產生共鳴，音量越來越大。即使護理師拉起簾子，也完全隔絕不了垂死病患微弱的聲音，旁人甚至能穿透簾子看到最可怕的景象。一旁預定在明天接受手術的病患走出病房，喃喃自語地說著這是不好的徵兆，緊接著主治醫生面無表情地宣布死亡：

「病患〇〇〇於〇〇年〇〇月〇〇日下午〇〇點〇〇分死亡。」

在醫生用低沉的聲音宣布死亡後，全家人開始痛哭失聲。護理師將屍體整理好，隨即出現一名看起來是禮儀師的人，用白布蓋住死者，再將屍體移出病房。隔壁床的病患震驚地看著這一幕，剛才還活著、還在呼吸的人，轉眼間變成了一具屍體被抬出去。最終，在那裡死去，不論對病人、對家人或對同病房的病患來說，都留下了可怕的記憶。這就是大部分在醫院臨終的當下情景。

首爾大學醫院設置了臨終房，讓病人在生命的最後時刻也能舒適地面對生命的終點。這個房間是為臨終病人準備的單人房，打造一間臨終房，醫院必然會產生虧損。就我們醫院來說，營運此病房每年都會損失一億韓元。如果臨終房的使用率下降，閒置時間增加，虧損幅度就會再擴大。雖然大家對於這種空間的設置都深感有其必要性，但是面對一年必須支付一億韓元的營運成本，每個人都顯得十分吝嗇。

而且，難道因為有個臨終房的緣故，所有住在這個房間裡的人就都能有尊嚴地死去嗎？那又另當別論了。來到臨終房時，往往大部分的病患已經無法自行做出決定，病患的病情也各不相同。當病人還有生命跡象，卻處於生不如死、毫無尊嚴可言的狀態時，醫生和緊急聯絡人只能束手無策地維持現狀，靜觀其變。或者，更準確地說，過去的作法一定是如此。然而，二〇一八年二月《延命治療決定法》生效後，無論是醫護人員或緊急聯絡人都將面臨抉擇的時刻：應該送走病患，還是情況再壞也要把他留在這個世界上？

K是一名頭頸癌晚期病患，他在臨終房裡為自己的離世做準備。雖然進行了多次化療和放射治療，癌細胞仍持續生長，處於無計可施的狀態。死亡的陰影已經籠罩著病患，然而問題出在氧氣。當呼吸變得急促、血氧濃度似乎在下降時，負責的住院醫生就會過來增加氧氣的供應量。給予二公升氧氣、三公升氧氣、四公升氧氣之後，血氧濃度再次上升，病患呼吸稍微穩定下來。幾個小時後，當血氧濃度再次下降，負責的住院醫生又再次提高氧氣的供應。

時間在不斷反覆給氧的循環中流逝。這幾天下來，腫瘤越長越大，病患的臉逐漸失去人臉的樣貌。帶著凌厲的氣勢快速成長的癌細胞壓迫到上腔靜脈，阻止頭部血液流向心臟。病患的臉腫得像個氣球，眼皮像嬰兒拳頭那麼大，眼睛已經睜不開。想要幫他清潔眼睛的分泌物，眼皮卻分不開來，原本想等待分泌物從腫脹的縫隙中流出，結果紗布巾上的收穫微乎其微。各種分泌物從全身上下的大小孔洞湧出。由於癌細胞徹底腐爛，細菌在裡面生長化膿，膿包潰爛破裂後，膿液陸續流出體外。除了流出膿血、黃色分泌物和塊狀分泌物之外，從口中還流出唾液，因氣管切開術切開的呼吸道也流出了各種腐臭的痰液。無論再怎麼抽取這些分泌物，也只有在抽取當下能稍微改善，混有膿液的分泌物從未停止湧出過。奇怪的是，只要我的手接觸過那些分泌物，整天都會有股揮之不去的酸臭味跟著我。

儘管我見過各種不堪入目的景象，對於人體能發生這樣的變化還是感到很驚訝。甚至脖子上的腫瘤已化膿潰爛，散發出一種酸味和濃烈腥味。臨終房裡充斥著癌細胞腐爛的氣味，要一般人在那個病房待超過十分鐘都有困難。這是一個臨終房，目的是要讓一個人能人道又有尊嚴地死去，但是它卻無法發揮這樣的功能。病患身上散發出來的氣味似乎在說人的身體沒那麼有尊嚴。到了嗅覺麻痺的時候，那股味道因又變得更糟，再次喚醒遲鈍的嗅覺。然而，病患的兒子和妻子卻在房間裡陪伴昏迷的病患二十四小時。

本以為這就是最後，沒想到第二天病患的臉色更差，再隔一天病情又更加嚴重。令人害怕的事實是，到了明天又變得更可怕，而且明天還可能不是最後一天。每一天都是活著比死去還恐怖的日子。通往來世的路就在河的彼岸，但不知為何，病患並沒有停止呼吸。

病患的臉現在已經腫得連眉頭也皺不起來了。有時候他只能用喉嚨發出清痰的聲音，這時兒子就會在一旁幫忙抽痰，大聲叫護理師幫他注射嗎啡。隨著嗎啡劑量不斷增加，病患的意識逐漸模糊。在昏迷的狀態下，呼吸依舊十分頑強沒有停歇，炙熱的氣息艱難地一吸一吐，時間又徒勞無功地空轉了一、兩天。

我實在摸不透住院醫生的意圖，在病患血氧濃度下降時，他就提高氧氣量，在血壓下降時，他就開更多升壓藥物。當我指示不要增加氧氣供應時，護理師就會過來加大氧氣提供量。病歷紀錄顯示，凌晨接到報告的住院醫生透過電話下達指示替病患增加氧氣。我不知道這位住院醫生想要什麼。死亡的時刻不斷被延後，母親和兒子抽泣著。

幾天來，兒子一直忍受著這種情況，在一旁看著父親最後的身影，深深地抽泣著：

「醫生，我在旁邊實在看不下去了。」

兒子打開手機，給我看了他父親的照片。為了永遠珍藏父親的最後一面，他用手機拍了幾張照片，但是照片中父親的臉龐逐漸變得難以入目。沒有人希望自己深愛的父親最後會變成這種模樣。最後拍的幾張照片已是慘不忍睹卻又不敢刪除的景象。

「醫生，這樣再拖個一、兩天有什麼用？如果我父親還清醒的話，他絕對不會想變成這樣。倒不如……倒不如……與其這樣……不如走了會更好……。」

家屬的哭聲打動了我。兒子說的對，如果只是普通的家人很難脫口說出「死了比活著更好」這種話。會這麼說的人，是比任何人都更愛病患的家人。現在必須有人來結束僵局，這麼做是為病患好，這絕對是無庸置疑的。最終我關掉了製氧機上的氧氣，運作時發出嗶嗶聲的升壓劑注射器也停了下來。現場只有家屬看到這一幕，沒有別人。大約兩個小時後，病患在家人的哭聲中離開了人世。

我犯了謀殺罪嗎？如果有宗教人士知道這件事，會不會立刻把我訓斥一頓？他們不會因為我停止供應氧氣、停止注射升壓劑而認為我是殺人犯嗎？但是，如前所述，《延命治療決定法》於二〇一八年二月生效。根據這項法令，沒有康復可能、瀕臨死亡的晚期癌症病患，在本身的意志下，或在病患失去意識時，可依據家屬的選擇，決定保留或停止接受毫無意義的延命治療。根據法律規定，可以摘除已經配戴的呼吸器，若違背病人的意願繼續進行延命治療，反而是違法的行為。

媒體大肆報導說，法律已經制定好了，未來每個人都可以有尊嚴地死去。然而，幾條法律條款並不能輕易改變舊有的習俗。在媒體沒有反映出的現實環境中，仍存在著許多困難和龐大壓力。《延命治療決定法》在法律上允許停止輸入氧氣到人工呼吸器，但是並沒有考慮由誰、如何停止輸入氧氣。醫護人員和家屬經過深思熟慮後做出了選擇，但要擺脫「我」中斷了病患呼吸的負擔和愧疚並不容易。在此之前，針對應該何時、如何、由誰來討論延命治療，費用問題如何處理，以及醫生如何接受處罰條款等，也都沒有深入思考。

在徵得家屬的同意下，我停止了病患的氧氣供應和升壓劑注射，隨後他就死了。如果是在二〇一八年二月之前，我會因此成為殺人犯，在二〇一八年二月之後，我則是成為依法停止延命治療的醫護人員。雖然行為相同，但非法與合法的界線模糊，人的判斷是人為的，非法與合法的界線越模糊，現場就越混亂。法律的模糊性會產生權力，想用法律來追究是非對錯的人也隨之增加。談論法律的人很多，但真正為病人著想的人卻寥寥無幾。那些想追究法律責任的人不會踏入醫療現場，只會在事後出現問題時試圖以法律的名義進行審判。然而，在辦公桌上無法預料的事卻總是在現場發生。

死人不會說話，能夠實際改善現況的人不會來到醫療現場，於是乎同樣的事情總是反覆發生。是否這樣下去總有一天會輪到我？作為現場旁觀者的代價，或許我遲早也會面臨同樣的命運。這種沒有答案的念頭接連不斷，但最終只剩下一個疑問：「什麼是有尊嚴的死亡？」在生不如死的最後一刻，作為醫生，什麼才是真正為病人好？

哭泣的權利

「媽，別再哭了。我們現在出去吧。醫生要看下一個病人了。」

「嗚，嗚……嗚……。」

只要是傳達壞消息，看診時間就會延長，如果病患開始哭泣，看診時程通常就會受到延誤。我的門診經常有延誤的情況發生，如果必須接二連三地傳達壞消息，當天所有病患的看診時間就必須往後順延。要一直看著家屬把哭泣的病患帶走，是令我感到既遺憾又難過的事。

這並不是說人們對醫院和醫護人員的幻想都是錯誤的。救治病人是醫院和醫護人員的基本存在價值，也許這就是為什麼醫院常被視為公共財產。但是醫院也是企業，醫護人員也是勞動者，醫院需要獲利才能生存，在醫院工作的醫護人員也列在收益結構之內。正因為這個原因，我需要在三小時內診療四十個門診病患，必須以「每小時十人」的速度看診，才能勉強維持收支平衡。

有時我覺得，在我們這個沒有人力成本概念的國家，醫療解說是免費的，就像是配合CT檢查販售的誘餌商品。由於政府官方認可的成本保存率為七〇％（即政府強制將成本一百韓元的產品以七十韓元的價格出售），醫院必須在最短的時間內提供最少的解釋和盡可能做最多的檢查，才能避免虧損。必要醫療的赤字要用非健保給付的醫療服務、特等病房費、殯儀館收入和停車場收入來填補。大醫院地下室的高級餐廳收入也是彌補赤字的主要手段。政府搶著收割功勞，宣稱醫療費用很便宜，但責任又會回到醫療現場。最後，醫療費用在紙上看起來可能很便宜，但在現場，病患最終還是要負擔所有花費。

不得不說這是極具韓國作風的工廠式薄利多銷診療。這不是讓幾個醫生自負虧損，以「每小時五人」的速度看診就能解決的問題。如果我宣布一小時只能看五個病人，我的門診就根本不能預約，如果告訴病人必須等兩個月才能看一次醫生，豈不是會引起軒然大波？大多數人寧願來醫院等兩個小時，也不願意在家等兩個月。同時，他們也希望大醫院的專家能夠為他們提供超過十五分鐘的治療，但是很可能不願意看到治療費用的增加。結果大醫院總是超額預約，門診時間總是因為各種因素被迫延誤，尤其在必須向病人傳達壞消息的時候更是如此。

這種時候，如果遇到的是難纏的病人（很抱歉用「難纏」一詞形容病人，但有些人除了用這個詞之外，根本無法形容他們），門診時間又會再往後延。這些病人抱怨說：「為什麼會拖這麼久？」他們不斷地大喊大叫、生氣、謾罵、拒絕離開診間，直到他們氣消為止。於是，診療又再一次被耽擱了。這時候，如果眼前的病人問：「我可以吃紅參嗎？」對於類似這樣的問題，只能無動於衷地略過，才能加快看診速度，加快到「每小時十五人」的速度，才能挽回被耽誤的時間。如果不慎陷入病人提出的那些無關緊要的問題裡，回過神來，十秒就不見了。這就像一個摔倒的賽跑選手，在爬起來以後必須加快速度一樣。這麼做的同時，作為醫生，我總是提心吊膽，生怕錯過重要的意見。

這樣看診結束後，心裡的苦澀和失落是無法抹去的。每當家屬拉著因壞消息而哭泣的病人從延誤多時的門診出去時，我的心如刀割。儘管我在醫院盡了自己作為一名工作人員的職責，但當我捫心自問是否盡了作為一名醫生的職責時，我感到很困惑。病患和家屬一定更加心痛。這就是工廠式薄利多銷診療的真面目。

更可悲的是，這個制度馴化了我們。當不正常持續很長一段時間時，很難知道什麼是正常的。隨著體系變得更加堅固，病患、家屬和醫生像輸送帶一樣以每三分鐘一名的速度進出診療室變得理所當然。於是，短暫的診療時間結束，家屬把哭哭啼啼的病人拉出去，哭聲從外頭傳進診間，在一旁等候多時的病患氣呼呼地破口大罵……當我們見到這一連串奇怪的現象時也就不足為奇了。

在這個龐大的體系裡，難道沒有悲傷、哭泣的權利嗎？在這種工廠式的薄利多銷診療中，討論自由哭泣的權利是否是一種奢求？這樣的體系不可能改變嗎？

在複雜的體系中，今天小齒輪依舊毫不猶豫地轉動著，但心中的問號始終無法輕易拂去。

等待死亡的時光

人類的平均壽命顯著增加。一百年前，人類的平均壽命還在四十歲上下，也就是說現代人的壽命是以前人的兩倍。媒體上經常看到百歲時代正式來臨、人類正在挑戰最長壽命一百二十歲等內容。每當看到這種輿論報導，我很好奇大家是否真的知道活到一百歲實際上會發生什麼事？我認為，如果不了解現實，那麼大家就只是善於發出空洞的回聲罷了。

當我在小鹿島醫院擔任公共衛生醫生時，我第一次遇到九十歲以上的超高齡病患。這家醫院是一家收治痲瘋病人的專科醫院，之所以強調它是專科醫院，是因為它曾經是一個以醫院名義對病人進行社會隔離的集體收容機構。總之，那

裡的人平均壽命八十三歲，非常長壽，百歲以上的有七人，九十歲以上的更是不計其數。另外，醫院還設有長壽病房，住著一百零一歲、九十五歲、九十四歲、九十一歲各一名，以及二名九十歲老人。林妍禮（림연례）老奶奶是一位九十歲的病患，已經在該病房長期住院七年多。

那時林奶奶的日常生活很單調。由於患有失智症，她只能說出自己的名字、兒子、女兒、飯等幾個單字。老奶奶一到晚上就睡覺，白天醒來後，時間到了就吃志工餵食的餐點。有時譫妄症發作，到了晚上不睡覺，天亮了也叫不醒，時間到了不肯吃飯，讓護理師和志工吃盡苦頭。不過，大部分的日常生活都大致相似，重複著睡覺和吃飯的作息，沒有什麼特別的事。

如果這樣的生活在病房裡重演幾年，在別人看來，老奶奶這輩子好像就這樣住了九十年似的。老奶奶也曾年輕過，也曾經靠自己的力氣行走，但是照顧她的人沒有人知道或記得那些日子。他們主要關心的只是老奶奶今天有沒有排便、有沒有拉肚子、吃了多少等等。有一位老護理師還記得老奶奶最後身體還很硬朗的模樣。她說，當老奶奶還剩下一些認知功能的時候，嘴裡總是這樣說：

「怎麼還不死……。」

她的兒子和女兒都比她先走了，她經常感嘆說，她必須死了才能看到先走一步的子女，為什麼只有自己沒有死？老奶奶眼巴巴地盼著死亡的到來。在這位老奶奶身上，我看到了一個人等待死去卻還沒死去的情狀。

未死。

還沒死的人。有些人與其說是「活著」更接近「還沒死」，這些人等待死亡的時間比我們想像的更長、更沉重。

「兒子啊，女兒啊，我好想見到你們。林妍禮。」

在這棵很久以前由志工們製作的許願樹上寫著老奶奶的願望和名字。沒有人具體記得是多少年前，但林妍禮老奶奶常說自己想念兒子和女兒。老奶奶掛在許願樹上的願望是想見自己的孩子，但反過來說，這也是一個求死的願望。最終，林妍禮老奶奶所做的事就是每天等待死亡。

我的病人中有一位患有失智症的八十八歲癌症病患，是一位名譽教授。他曾經是在大學發號施令的教授，威如猛虎，在學校做了很多事，培養了很多學生，備受許多學生景仰。當我見到他時，吞噬著身體的癌細胞已經轉移到骨頭。所幸服用了幾乎沒有副作用的抗癌藥物，復原狀況還算良好，但問題是他已經接近九十歲，同時又患有失智症，昔日的機靈漸漸消失，記憶力逐漸衰退，總是反覆說著同樣的話。他到八十五歲左右為止都還不錯，來門診就醫時很會開玩笑，每次都會俏皮地舉手敬禮打招呼，還親切地關心我會不會因為病人太多而感到辛苦。那是大約五年前的事了，從那時起，教授每個月都有明顯的變化。「大齡八十」比其他數字又更沉重，老得更快。然而，家屬感受到的變化從十年前就開始了。

如果只有教授患有失智症，還算慶幸，但教授的妻子年紀已經超過八十五歲，也慢慢出現失智症的徵兆。結果照顧兩位老人家的重擔就完全落在獨生女的肩上。雖然家裡請了看護，但是看護很難一個人照顧兩位老人，而且兩人在一起時總是吵個不停，最後只好將兩位失智老人分開照顧。患有嚴重失智症的父親住在家裡，輕度失智的母親住在養老院裡。女兒的日常生活就是確認父母過得好不好，聽看護講述整夜發生的事，也聽失智老人反覆說著相同的故事。每次女兒來醫院都會淚流滿面。

「妳一定很辛苦吧……。」

「身為女兒，我不應該這樣子的……這些事我應該自己做的，但是太辛苦了，我實在別無選擇。」

女兒的淚水奪眶而出，她無法將人生的重擔託付給任何人。她本人的年紀也六十歲了，已不再年輕。這個年紀，無論走到哪裡都不會對「奶奶」這個稱呼感到陌生。

「我覺得自己很壞。」

哭了一會兒後，她還是很自責。我並不是不懂那種感覺。抗癌藥物不在保險範圍內，這段時間的負擔一定很大。她雇用的是二十四小時的居家看護，一個月花費動輒二百萬韓元以上，如果再加上養老院的費用和自費抗癌藥物的費用，負擔肯定相當沉重。問到經濟狀況有沒有困難時，她表示雖然不是很寬裕，但還不至於無法照顧父母。只不過，我不知道其中所有的內情。即使過著吃、睡、躺著的生活，也是需要錢才能維生。孝道是理想，道德是浮雲，但現實是金錢。以後會不會好轉是未知數，不禁替她捏一把冷汗。

病人的生命意義應該是由病人自己賦予，但在醫院裡，有些病患很難自己做決定。無論是新生兒加護病房的病人、因腦部疾病而倒下的神經外科病人，或是戴著呼吸器昏迷不醒的呼吸胸腔內科病人等，他們的生命最終都是由別人決定。通常代理病人做決定的是家屬，但家屬也是第一次經歷這樣的事情，即使是家屬也不能百分之百代表病人的立場。即使向經歷過類似事情的親戚或朋友尋求建議，關係親近的人也很難替家屬判斷病人的立場。

我感到很困擾，雖然一直以來我機械化地、習慣性地開藥，卻越來越難理解繼續使用抗癌藥物的意義和價值。如果我沒有讓這位教授使用抗癌藥物，會發生什麼事？反覆苦思之後，我向另一位教授提出了諮詢。他是一位老教授，應該會認識這位病人。

「老師，您認識〇〇〇教授嗎？他是我的病人，有些事我感到很困擾。」

但是老教授的第一個反應卻出乎我的意料。

「啊……〇〇〇教授……他不是去世了嗎？」

別人對他的記憶似乎是「去世了」，人們已經逐漸忘記他的存在了，讓我有些不知所措。

「等一下，還活著嗎？等等……當我是住院醫生時，他是教授。那麼……如果現在還活著，應該快九十歲了吧？」

我說出我正在給一位八十八歲老人開抗癌藥物的事實，並坦白說不確定這是不是正確的治療方法。我也透露病患有失智症，認知功能已所剩無幾。老教授靜靜地聽，沒有說話。當我問他是否應該繼續治療時，老教授打破長時間的沉默，簡短地說了一句話：

「他的家人一定很辛苦……。」

我立刻明白他的意思。我決定不再讓他做化療。

下次門診時，病患的癌症指數上升了。在正常情況下，我會認為這是沒有意義的上升，因為數值還在可以繼續做化療的範圍內。使用更多的抗癌藥物可以使腫瘤長得慢一點，這樣就可以多爭取幾個月的時間。但是我決定不讓這段延長的時間萌芽，我向病患女兒傳達了我的意圖。

「抗癌藥物的意義不大，這是行不通的，癌症已經在惡化了，我決定從今天開始停止抗癌藥物。」

女兒又哭了。不久前她才說過父親與其這樣活著，還不如離開。我以為她會坦然接受，但事實並非如此。後來她又再次問我父親是不是快要走了。我能理解她複雜多變的心情。我什麼話也說不出來，只為這個六十歲的女兒感到難過。

一個六十歲的老人要照顧年近九十的失智父親和八十五歲左右的失智母親，她的肩膀顯得格外沉重。那肩上的重量與其說是她必須承受的，不如說是有人加在她身上的。女兒似乎認為這就是她的命運，或許也是因為沒有其他選擇，總不能拜託三十多歲的子女去照顧爺爺奶奶。

你看過九十多歲老人的葬禮嗎？在那裡為死者感到難過的人不多，想為死者哀悼的朋友或前輩、後輩們很可能已經先離開人世了。最後，來參加葬禮的人都是死者家屬的熟人，慰問的話也大多是說死者已享盡天年，壽終正寢。然而比起追悼故人，我更先想到的是死者家屬的辛勞。也許這就是為什麼九十歲老人的葬禮氣氛通常不那麼沉重。

女兒最後接受了停止化療的建議，從此獨自一人來拿藥。病人漸漸衰弱，雖然很難判斷他是隨著癌症的發展而衰弱，還是因為快要九十歲而自然衰弱，但無論是哪一種情況，都不影響結果。病人的生死已經脫離我們的掌控，正奔向預定的結局。

回顧過去的十年，我曾想過，如果那位生病的教授在還能說自己沒事的八十歲出頭就離開人世，那會是什麼樣子。他周圍的人一定記得他是一個非常出色的人。一想到因為延長十年的時間而影響人們對他的記憶，心裡頓時覺得百感交集，五味雜陳。如果他的家人記得的是他是一個需要人辛苦奉養的老人，該怎麼辦？是否因為我過於努力治療癌症，反而毀了他八十年來建立的美好人生？回想起來，在治療他的過程中也經歷過幾次危機，如果當時他就過世了，病人和家屬應該都會皆大歡喜吧？

想要長壽是人的本能，生命高尚可貴，這一生就算是在一片狗屎地裡打滾也很幸福。然而說來容易，嘴上高喊道德、講求倫理也很輕鬆。清理糞便、伺候病人、負擔費用雖然困難，說起來卻很容易。但是，如果自己真正愛的人只是活著，卻完全失去了人性，那時也能說得那麼輕鬆嗎？如果換作是你處於那種情況，或是只能單純地呼吸，沒有任何認知功能，那麼，你會拼命地想再這樣生活幾年呢？

當然，這不是我能評判的領域，也是我不該評判的領域，因為對我來說看似毫無意義的生活，對當事人來說或許是富有意義的。不知道這樣的想法適不適當，但是，在一個年過九十的死者葬禮上看到他人輕浮的態度時，不禁令我感嘆死不了的日子將蟲蛀蠶食過去的歲月。當我面對那些已經失去記憶、失去自我、一無所剩的病人只是「單純地活著」時，經常感到身肩責任與內疚，總覺得是我延長了這樣的時間。作為一名醫生，我又再次對於「盡我所能果真是最好」感到疑惑。

最後一眼

初次的相遇、初戀、初雪、上學的第一天、第一次領到的薪水……人們大多記得第一個瞬間。無論別人說什麼，「第一次」的時刻都是清晰的，每個人都賦予它很多意義。但是在很多情況下，我們對「最後」一無所知，因為我們總是過了很久才意識到那是最後一刻。「哦，沒想到就那樣結束了」我們對這句話並不陌生。或許因為這樣的緣故，我們常用緊張和興奮形容第一次，對最後的描述則往往伴隨著苦澀、遺憾、後悔等字眼。然而，這是不是代表著，如果我們知道那是最後，就不會那樣結束了呢？

無論如何，總會有無數的首次和最終，但我們人生的首頁和終章是出生和死亡。與生命中發生的各種首次和最終不同的是，人生的開始和結束都是留在別人的記憶裡，不是留在我的記憶裡。另外，雖然出生與自己的意願無關，但我們可以為死亡做好準備（只要不是意外事故），因為總有一天「死亡」的那一刻確實會到來，而且我們也都知道這個事實。對於這一點，我覺得非常慶幸。但是，我認為大多數人都會以「突如其來的死亡」或「沒想到會這樣死去」來結束「可以做準備的死亡」。

事情發生在我父親過世的時候。那時，父親的肺癌病情持續惡化，大家都束手無策。父親那天也飽受劇烈頭痛和全身疼痛的折磨，已經連續幾天無法正常進食，家裡實在應付不來，只好讓他住進醫院。母親趁我去學校的時候，趕緊把父親送到醫院，因此我並不知道父親住院的事。當我放學回到家時，空蕩蕩的屋子裡散落著沒封好口的藥瓶、皺巴巴的藥袋、摺到一半的衣服，以及來不及收拾的碗盤，四周一片亂糟糟的景象。誰也沒想到這會是父親最後一次外出，雖然猜想他可能撐不了多久，但沒有人知道結局會這麼突然。

父親留在房子裡的物品要在葬禮結束後搬走，因此我在葬禮結束後開始清理父親住過的房間和留在家裡的物品。家中到處都原封不動地保留著父親的東西，無數的藥品、書寫用具、舊書、早已不穿的衣服，以及擺著不用的雜物充斥各處。父親也許已經用自己的方式做了準備，但他大概不知道，離開的時刻會來得如此突然。如果父親知道的話，他可能不會留著這些東西。那時我只留下一些紀念父親的物品，其他的全部都處理掉了。

雖然我是一名目睹過無數人死亡的腫瘤科醫生，但很少見到有病患已預感到自己將迎來終點，而在離開家前就先把自己的物品都整頓好的情形。即使是臨終前的癌末病患也不認為這將是他們最後一次離開家，可能認為待在醫院只會是「暫時」的，但大多數人都是在這種狀態下「突然」死亡。很可能大部分人的家裡就像我父親遺物的狀況一樣，還留有許多逝者尚未整理的東西，那將是那位逝者的最後痕跡。

我所目睹的最後背影，有時是糾結不清的金錢，有時是人，它們大多是吵鬧又混亂地糾纏在一起，超越了對逝者的哀傷，最終以憤怒和支離破碎結束。在許多情況下，逝者沒有交代清楚的利害關係往往會為生者帶來痛苦。到最後，不管是什麼，那些沒有被妥善安排好的，往往都不會被懷念，反而成為留在世上的人必須解決的問題，也成為逝者離去的背影。

或許是因為這樣的緣故，我總覺得平常就應該把整理身後事視為常態，就像收拾桌子或打掃房子一樣。應該帶著今天出門可能永遠不會再回來的心態，重新看待自己的足跡、人際關係，以及許多屬於自己的事物。把今天當作最後一天，把現在留下的痕跡視為最後的身影，那麼自然就會再減少，再清理。好的關係繼續維持下去，有害的關係變得更容易取捨。這麼一來，就能輕鬆地、不再那麼困惑地經常回顧和整理自己的人生。

這並不容易，我自己也做得不好。對人生的意志和執著只有一線之隔，認為此刻可能是最後一刻的生活打從心裡就不是一件讓人感到舒服的事。但是，之所以有這樣的想法，是因為期望在我離開後，別人能如我所願地記得我的最後。想與不想預先整理人生的差別不會僅止於在我離開之後，在此時此刻、在這一生中都會顯露出來。

為故事劃下句點

世界上每個人都有自己的人生，每個人都過著各自的生活。但是，無論走哪條路，終點站都是死亡，只是每個人到達終點站的模樣都各不相同。當最後一刻來臨，人們會像過去至今一樣依各自的方式整理自己的人生，以各自不同的面貌到達最終目的地。

作為近二十年的腫瘤科醫生，我目睹了許多病患整理人生的過程。在預定的死亡面前，他們表露出對人生的真性情，一旁的我看在眼裡，心裡有時也會隱隱作痛。

因為我也在我的人生中看到了他們的身影。當我那被遺忘許久的人生面孔因為其他人而又再次浮現眼前時，我帶著照鏡子的心情，面對自己的生與死。病人的人生和我的人生，或者更確切地說，我們的人生似乎不同卻又相似。也許死亡也是如此。

我仔細聽那些在遺忘人生時離開的病患們告訴我的故事，他們的最終章總是不時問著我：「總有一天你也會來這裡，你現在過得怎麼樣？你想以怎樣的面貌來到這裡？」每當被問到這個問題，就會讓我精神為之一振，再次繃緊神經地面對人生。也許我正生活在一個最接近生與死的地方。

我們活著時不只忘記死亡，甚至連活著這件事都忘得一乾二淨。此時此刻活著的自己卻沒有感覺到自己還活著。仔細聽，有人一直在跟忘記還活著的你說話，那些比我們先到達終點站的人問：「你要如何度過此刻的人生？要如何使用被賦予的時間？」現在輪到我們這些留在世上的人用我們的人生來回答了。

商周其他系列 BO0353

死亡對生命說的話

當剩餘的日子不再能任意揮霍，你會怎麼過餘生？一個腫瘤科醫師的生死感悟

國家圖書館出版品預行編目 (CIP) 資料

死亡對生命說的話：當剩餘的日子不再能任意揮霍，你會怎麼過餘生？一個腫瘤科醫師的生死感悟 / 金範錫著；張亞薇譯 . -- 初版 . -- 臺北市：商周出版：英屬蓋曼群島商家庭傳媒股份有限公司城邦分公司發行，2024.02

面； 公分 . --（商周其他系列；BO0353）

譯自：어떤 죽음이 삶에게 말했다 : 생의 남은 시간이 우리에게 들려주는 것

ISBN 978-626-390-040-0（平裝）

1.CST: 生死學 2.CST: 生命教育 3.CST: 癌症 4.CST: 病人

197 113001263

原文書名／어떤 죽음이 삶에게 말했다 : 생의 남은 시간이 우리에게 들려주는 것
作者／金範錫（김범석）
譯者／張亞薇
編輯協力／李晶
責任編輯／鄭凱達
企畫選書／鄭凱達
版權／林易萱
行銷業務／周佑潔、林秀津、賴正祐、吳藝佳

線上版讀者回函卡

總編輯／陳美靜
總經理／彭之琬
事業群總經理／黃淑貞
發行人／何飛鵬
法律顧問／台英國際商務法律事務所 羅明通律師
出版／商周出版
臺北市 104 民生東路二段 141 號 9 樓
電話：(02) 2500-7008 傳真：(02) 2500-7759
E-mail: bwp.service @ cite.com.tw
發行／英屬蓋曼群島商家庭傳媒股份有限公司 城邦分公司
臺北市 104 民生東路二段 141 號 2 樓
讀者服務專線：0800-020-299 24 小時傳真服務：(02) 2517-0999
讀者服務信箱 E-mail: cs@cite.com.tw
劃撥帳號：19833503 戶名：英屬蓋曼群島商家庭傳媒股份有限公司城邦分公司
訂購服務／書虫股份有限公司客服專線：(02) 2500-7718；2500-7719
服務時間：週一至週五上午 09:30-12:00；下午 13:30-17:00
24 小時傳真專線：(02) 2500-1990；2500-1991
劃撥帳號：19863813 戶名：書虫股份有限公司
E-mail: service@readingclub.com.tw
香港發行所／城邦（香港）出版集團有限公司
香港九龍土瓜灣土瓜灣道 86 號順聯工業大廈 6 樓 A 室
E-mail: hkcite@biznetvigator.com
電話：(852) 25086231 傳真：(852) 25789337
馬新發行所／城邦（馬新）出版集團 Cite (M) Sdn. Bhd.
41, Jalan Radin Anum, Bandar Baru Sri Petaling, 57000 Kuala Lumpur, Malaysia.
電話：(603) 9056-3833 傳真：(603) 9057-6622 E-mail: services@cite.my

封面設計／張巖 內頁設計排版／薛美惠
印刷／鴻霖印刷傳媒股份有限公司
經銷商／聯合發行股份有限公司 電話：(02) 2917-8022 傳真：(02) 2911-0053
地址：新北市新店區寶橋路 235 巷 6 弄 6 號 2 樓

■ 2024 年 2 月 29 日初版 1 刷

Printed in Taiwan

定價 400 元（紙本）/ 280 元（EPUB）
ISBN: 978-626-390-040-0（紙本）/ 978-626-390-038-7（EPUB）